Hubert Teml

Zielbewußt üben – erfolgreich lernen

Lerntechniken und
Entspannungsübungen
für Schüler

VER◇ITAS

© VERITAS-VERLAG Linz; alle Rechte, insbesondere das Recht der Verbreitung, auch durch Film, Fernsehen, fotomechanische Wiedergabe,
Bild- und Tonträger jeder Art, oder auszugsweiser Nachdruck, vorbehalten
2. Auflage (1992)
Gedruckt in Österreich
Lektorat: Monika Würthinger, Utzenaich
Herstellung: Germana Kolmhofer, Hartkirchen
Umschlaggestaltung: Hans Schaumberger, Wien
Layout, Illustrationen: Alois Jesner, Linz
Satz, Druck und Bindung: LANDESVERLAG Druckservice Linz

ISBN 3-85329-683-1

Für wen ist dieses Buch geschrieben?

Für Schülerinnen und Schüler ...

ab etwa 10 Jahren,

als Anregung, um *gemeinsam mit Eltern oder Lehrern* Lerntechniken sowie Entspannungs- und Vorstellungsübungen zu erproben;

ab etwa 14 Jahren,

als Anregung zur *eigenständigen Erprobung* von Lerntechniken, Entspannungsanleitungen und Vorstellungsübungen.

Hinweise zur Arbeit mit dem Trainingsprogramm erhalten Schüler/innen im Vorwort.

Für Eltern und Lehrer ...

ist dieses Buch als Anregung gedacht, um Schülern zielführende Lernregeln sowie lernfördernde Entspannungs- und Vorstellungsübungen zu vermitteln.

Hinweise für die Arbeit mit Schülern sind für Eltern und Lehrer/innen im Nachwort angeführt.

 *Die Tonbandkassette zu diesem Buch ...*

kann gesondert bestellt werden. Sie enthält acht Entspannungs- und Vorstellungsübungen in Verbindung mit Musik. Diese Übungen fördern Konzentration, Motivation und Selbstvertrauen. Sie ergänzen und vertiefen die Inhalte des Buches.
Bestellungen für die Tonbandkassette im Buchhandel oder direkt bei:

VERITAS
Hafenstraße 1–3
A-4020 Linz

Tonbandkassette zum Buch mit Enspannungs- und Vorstellungsübungen:

SEITE A:
Nr. 1: Lernfreude
Nr. 2: Innere Beruhigung
Nr. 3: Muskelentspannung
Nr. 4: Positive Zielvorstellung

SEITE B:
Nr. 1: Vorstellungsbilder
Nr. 2: Selbstanerkennung
Nr. 3: Problemklärung
Nr. 4: Streßabbau

Quellennachweis:

S. 22: Mandala, Abbildung aus: M. Zdenek, Die Entdeckung des rechten Gehirns. Berlin: Synchron Verlag 1988

S. 38, 88: Abbildungen aus: P. Schullerer, u. a., Biologie und Umweltkunde für die 8. Schulstufe. Linz: Veritas Verlag

S. 40: Mittelalterliche Stadt: Abbildungen und Texte aus: F. Riccabona, u. a. Geschichte, Sozialkunde, Politische Bildung, 5. Schulstufe. Linz: Veritas Verlag

S. 47, 85, 86, 87: Kreuzworträtsel und Texte aus: E. Neuwirth, u. a., Deutsch 4, Linz: Veritas Verlag

Inhaltsverzeichnis

Vorwort für Schüler

Liebe Schülerin! Lieber Schüler!

Da sitzt du nun – oder liegst du? – und hast dieses Buch in der Hand. Ich versuche mir vorzustellen, wie du darin herumblätterst. Vielleicht fragst du dich gerade: „Lerntechniken? Wozu brauche ich die?"

Wozu trainieren?

Ich finde deine Frage gut. Für das Lernen brauchen wir eigentlich keine besonderen Techniken. Wir können es von Geburt an. Auch du hast schon eine Menge gelernt, ohne viel darüber nachzudenken: Gehen, Sprechen, Schwimmen, Radfahren …

„Das ist doch nicht Lernen", wirst du nun sagen: „Lernen, das ist etwas ganz anderes: sich konzentrieren, sich etwas merken und einprägen, sich auf eine Prüfung vorbereiten."

Du hast recht! *Konzentrieren, Einprägen, Merken oder Prüfungsvorbereitungen* gehören zum Lernen in der Schule. Die meisten Schüler sehen „Lernen" auf diese Weise. Sie erfahren auch täglich, daß dies – zumindest in der Schule – als besonders wichtig beim Lernen erachtet wird. Wenn du dabei erfolgreich sein willst, dann können dir einige *Lerntechniken* recht nützlich sein. Sie helfen dir vor allem bei deiner *häuslichen Lernarbeit*. Du kannst also mit diesem Buch lernen …

— dich auf die Lernarbeit einzustellen und dich zu konzentrieren;
— die Lernaufgaben zu Hause sinnvoll zu planen;
— die Lernstoffe sicher einzuprägen;
— Prüfungen gezielt vorzubereiten …

Lernen bedeutet aber mehr als bloßes „Prüfungslernen". „Nicht für die Schule, für das Leben lernen wir", sagt schon ein altes Sprichwort. Für dein Leben ist besonders wichtig, dich *persönlich zu entwickeln, dich zu entfalten* oder *selbständiger zu werden.* In diesem Buch wird diese Art von Lernen auch angesprochen. So kannst du zum Beispiel lernen …

— dir deine Ziele deutlich bewußt zu machen;
— dich selbst anzuerkennen, zu loben und zu mögen;
— mit Problemen oder Streß besser umzugehen;
— dich mit deinen persönlichen Lerntechniken auseinanderzusetzen.

Du kannst beim Lernen für die Schule alle diese Fähigkeiten üben und trainieren. Wenn du es versuchst, wirst du auch in deiner „Schullaufbahn" erfolgreich sein.

Training im Sport

Nun hoffe ich, daß die Schule für dich keine „Laufbahn" ist, auf der du dich von Lehrern oder Eltern gehetzt fühlst. Aber der *Vergleich mit dem Sport* kann recht nützlich sein: Ohne Training geht uns beim Laufen bald die Luft aus. Sportler trainieren daher ständig, um in Form zu bleiben. Sie lassen sich auch von ihrem Trainer beraten. Er gibt ihnen viele Anregungen und Tips, wie sie es am besten machen sollen. Er macht ihnen auch Mut, damit sie auf sich selbst vertrauen und an ihren Erfolg glauben. Das Training hilft ihnen, ihre Ziele zu erreichen.

Schauen wir uns das gleich an einem Beispiel an: *Christine* und *Michael* wollen bei der Schülermeisterschaft mitlaufen. Ihr Lehrer trainiert sie schon einige Zeit, damit sie das geforderte Limit erreichen. Eine Sekunde fehlt ihnen noch, damit sie antreten dürfen. Für heute ist ein Entscheidungslauf angesetzt. Die beiden halten sich an die *Trainingsregeln*, die ihnen ihr Trainer gegeben hat. „So werdet ihr es sicher schaffen", sagt er aufmunternd.

18 Trainingsziele

Christine und Michael haben im Training gelernt, daß sie sich zuerst einmal *aufwärmen* und einige *Startvorbereitungen treffen* müssen. Sie *stimmen sich positiv ein*, ehe sie an den Start gehen. „Ich schaffe es!" sagt Christine zu sich selbst. Jetzt gilt es, *die Nerven zu behalten* und *sich voll zu konzentrieren*. Christine und Michael haben *ihr Ziel deutlich vor Augen* …

Da, der Startschuß. Es geht los! *Sie setzen alle Kräfte ein* und lassen sich *von den Zurufen* der Mitschüler anfeuern. Im Gewühl der Läufer müssen sie *den Überblick behalten* und sich *mit Bewegungsgefühl* nach vor arbeiten. Siehst du vor deinen Augen, wie sie *sich dem Ziel nähern?*

„Während des Laufens müßt ihr eure *Kräfte gezielt einteilen.* Ihr dürft *nicht außer Atem kommen*", hat ihnen ihr Trainer geraten. Christine und Michael halten sich an dieses Trainingsziel, damit sie *bis zum Endspurt durchhalten.* Noch ein paar Schritte … Christine und Michael sind durch! Auch wenn sie nicht die Sieger sind, so haben sie doch ihr persönliches Ziel erreicht: Über eine Sekunde schneller als beim letzten Mal! Mit dieser Zeit können sie bei der Schülermeisterschaft mitlaufen. Jetzt *genießen sie ihren Erfolg* und *klopfen sich selbst auf die Schulter.* „Super", sagt ihr Lehrer, „das habt ihr toll gemacht!"

Wir hoffen, daß die beiden weiterhin *auf Erfolgskurs bleiben.* Wenn sie *gezielt weitertrainieren*, werden sie auch bei der Schülermeisterschaft gut abschneiden. Ihr Lehrer wird mit ihnen rechtzeitig *einen Trainingsplan aufstellen* und ihnen *weitere Ratschläge* für das Training geben. Christine und Michael können *entspannt ins nächste Rennen gehen …*

Zielbewußt üben

Wenn du nun das *Inhaltsverzeichnis* aufschlägst, wirst du diesen „Trainingslauf" dort noch einmal mitverfolgen können. Das Buch hat insgesamt *18 Kapitel*, und jedes beginnt mit einem Vergleich aus dem Sport.

Wenn du das Inhaltsverzeichnis angesehen hast, dann schau nun einmal kurz in irgendein Kapitel. Du siehst dort ein Beispiel aus dem Sport als Einleitung. Dann werden einige Lernregeln näher erklärt. Am Ende eines jeden Kapitels findest du als Zusammenfassung ein *Trainingsziel* – insgesamt also 18 Ziele. Du erfährst darin, *wie du beim Lernen sicher ans Ziel kommst.*

Auch beim Lernen und Üben gibt es Regeln, wie man am besten ans Ziel gelangen kann. *Das Lernen kann man lernen und trainieren!* Wenn du das möchtest, kann dir der „Lern-Trainer" aus diesem Buch viele nützliche Hinweise geben. Unser Zeichner hat sich den „Lern-Trainer" so vorgestellt:

Wenn du ihn zu deinem persönlichen Lernberater machst, wirst du viele Tips für das Üben und Einprägen von schulischen Lernstoffen erhalten. Sie helfen dir , deine Lernaufgaben besser zu erledigen und *zielbewußt zu üben.* Sie geben dir aber auch Anregungen, wie du *selbstbewußt* an das Lernen herangehen kannst.

Erfolgreich lernen

„Schön und gut", wirst du nun vielleicht sagen, „mich interessiert in erster Linie der Lernerfolg. Wie steht es mit besseren Noten in der Schule?" Natürlich wird das Lerntraining auch zu einem besseren Schulerfolg verhelfen und zu guten Noten führen. Aber ich möchte hier doch etwas einschränken: Auch das beste Trainingsprogramm kann keine Wunder wirken.

Mit diesem Lernprogramm wirst du dir ganz sicher dein *Lernen erleichtern* und deine persönliche *Lernleistung steigern*. Erwarte aber nichts Unmögliches! Wenn dir ein Fach nicht liegt, mußt du schon eine *kleine Verbesserung als Erfolg werten*. Halte dir auch vor Augen, daß es nicht unbedingt an dir selbst liegen muß, wenn es in der Schule nicht klappt.

Manchmal wird es auch notwendig sein, direkt von einem *Lehrer* gezielte Ratschläge für die Verbesserung in einem Fach zu holen. Vielleicht ist es auch notwendig, mit den *Eltern* ein klärendes Gespräch zu führen.

Und noch etwas: Gute Noten sind in der Schule wichtig, aber *Noten sind nicht das Wichtigste beim Lernen*. Du kannst dir hier wieder einiges vom Sport abschauen. Es geht nicht immer darum, Erster zu sein und zu gewinnen. „Dabei sein ist die größte Ehre", heißt es bei den Olympischen Spielen. Die meisten Menschen betreiben Sport nicht wegen des Sieges. Sie trainieren, weil es ihnen Freude macht, sich zu bewegen und ihren Körper fit zu halten. Es genügt ihnen, wenn sie dabei für sich persönlich etwas gewinnen.

Eine positive Lerneinstellung

Vielleicht gelingt es dir, das Lernen als „Denksport" anzusehen. Es kann Spaß machen, sich geistig zu bewegen und sich persönlich zu verbessern. Das Lernprogramm in diesem Buch zeigt dir *neue Trainingsmethoden*, wie du dich „geistig fit" halten kannst. Es regt dich an, *entspannt und spielerisch* an das Lernen heranzugehen. Du kannst lernen, dich selbst anzuerkennen und dich auch für kleine Erfolge zu loben. Wenn du *entspannt und mit positiver Einstellung* ans Lernen gehst, wirst du *dein Bestes geben* – und das sollte dir, deinen Eltern und auch deinen Lehrern genügen. Ich halte es auch nicht für so wichtig, ob du immer alles weißt oder richtig kannst. Wichtiger erscheint mir, daß du beim Lernen lernst, *selbstbewußt, selbstsicher und selbständig* zu werden.

Gezieltes Training mit diesem Buch

Wie kannst du nun das Lernen mit diesem Buch trainieren? Das beste wäre, wenn deine *Lehrer im Unterricht* immer wieder einmal ein Kapitel besprechen. Du kannst dann das Buch zum Nachlesen benützen, um dir die Lernregeln und Lerntips leichter zu merken. Vielleicht nimmst du das Buch einmal in die Schule mit und zeigst es deinem Lieblingslehrer.

Natürlich kannst du das Buch auch *alleine durcharbeiten*. Aber bitte nicht zu viel auf einmal! *Ein kurzes Kapitel genügt für einen Tag.*

Am wichtigsten ist, daß du selbst über günstige Lerntechniken nachdenkst: Frage dich: *Wie kann ich zielbewußt und erfolgreich lernen?* Benütze dann das Buch als Anregung für dich.

Wenn du einen Abschnitt oder ein Kapitel gelesen hast, dann notiere dir auf einem Zettel zwei bis drei Lernregeln, die du in den nächsten Tagen erproben möchtest. Bewahre diese „Trainingskarte" an einem Ort auf, wo du sie mehrmals am Tag siehst, etwa an deinem Arbeitsplatz, in deiner Schulmappe oder vielleicht sogar in der Hosentasche. So wirst du öfter an deine Lerntips erinnert. Hier siehst du eine *Trainingskarte* von Christine:

Wenn ich eine Lernarbeit beendet habe, lobe ich mich selbst und gebe mir eine kleine Belohnung.

Entspannungstraining mit Kassette

Bei einigen Kapiteln findest du auch dieses Zeichen: 🔲 . Es verweist dich auf die *Tonkassette* zu diesem Buch. Sie enthält insgesamt acht *Entspannungs- und Vorstellungsübungen* mit Musik. Entspannung, Phantasievorstellungen und Musik können dir nämlich beim Lernen helfen. Du kennst das vielleicht auch aus dem Sport. Sportler entspannen sich vor einem Wettkampf und stellen sich ihren Erfolg in der Phantasie vor. Dieses „positive Denken" kann uns auch beim Lernen recht hilfreich sein. Für dein Training ist die Kassette nicht unbedingt erforderlich; sie kann dir aber helfen, das Gelesene noch zu vertiefen.

Trainingsbesprechung

Ich finde es wichtig, daß du das Gelesene oder Gehörte mit jemandem besprichst. Wenn du dich mit *Schulkameraden* zusammentust, kann das Lerntraining doppelt so viel Spaß machen. Auch deine *Eltern* können mit dir einzelne Kapitel durchbesprechen. Ich wünsche dir, daß sie dich bei deiner Lernarbeit unterstützen, dich aber nicht zum Lernen drängen.

Wenn du weitere Fragen oder ganz spezielle Lernprobleme hast, solltest du dich an deine *Lehrer* wenden. Sie sind Fachleute für richtiges Lernen und können dir noch gezielter weiterhelfen.

Viel Erfolg bei deinem Training!

1. „Sich aufwärmen"

Birgit trainiert fleißig für das Sportabzeichen. Wenn sie es bekommen will, muß sie in mehreren Sportarten eine bestimmte Leistung erbringen. Heute geht es um den Laufbewerb. Drücken wir ihr die Daumen, daß sie die geforderte Zeit erreicht.

Bevor Birgit antritt, muß sie verschiedene Startvorbereitungen treffen: Sportbekleidung anziehen, Laufschuhe binden, den Startblock richtig einstellen … Sie dehnt und streckt sich, um sich aufzuwärmen und ihre Muskeln zu lockern. Jetzt erst ist sie richtig aktiviert. Birgit stimmt sich auch innerlich auf den Lauf ein. Sie nimmt sich vor, heute ihr Bestes zu geben.

Ähnliches gilt für den „Denksport". Beim Lernen sollten wir uns nicht ohne entsprechende Vorbereitung „ins Rennen stürzen". Hier geht es zunächst darum, den *Arbeitsplatz* und die Lernmaterialien vorzubereiten. Wenn wir positiv eingestimmt, also mit der richtigen *Lerneinstellung* an die Arbeit gehen, wird sie uns auch besser gelingen. Schließlich müssen wir auch Körper und Geist „aufwärmen", uns also entsprechend *aktivieren*.

1.1 Arbeitsplatzgestaltung „… Startvorbereitungen treffen"

Schauen wir uns wieder ein Beispiel aus dem Sport an: Wenn du Schifahren möchtest, gibt es eine Menge vorzubereiten. Zunächst kommt es darauf an, daß die Sportgeräte in Ordnung sind. Die Kanten der Schier müssen gut geschliffen sein, damit du bei Eis nicht abrutscht. Die Sicherheitsbindung gehört richtig eingestellt, wenn sie im Notfall funktionieren soll. Die Schuhe sollen richtig sitzen … Es gibt eine Menge zu tun, ehe du losstarten kannst.

Ähnlich ist es beim Lernen. Dein „Startplatz" ist dein *Arbeitsplatz*, deine „Geräte" sind vor allem Papier und Bleistift, Hefte oder Bücher. Auch hier gehört alles vorbereitet, bevor du mit der Arbeit beginnst.

Eine freundliche Lernumgebung schaffen

Dein Arbeitsplatz sollte für dich möglichst angenehm und *freundlich* sein, damit du gerne „an den Start gehst". Wenn wir uns an einen Platz gewöhnt haben und uns dort

11

wohlfühlen, gelingt alles gleich viel besser. *Blumen, Bilder oder Poster* machen deinen Arbeitsplatz zu einer freundlichen Lernumgebung, die du gerne aufsuchst. Allerdings solltest du ablenkende Dinge (etwa Spielzeug) auf deinem Arbeitsplatz vermeiden. Du brauchst das Gefühl: „Das ist mein eigener Arbeitsplatz. Wenn ich hier sitze, stelle ich mich von selbst auf das Lernen ein."

Alles praktisch und griffbereit anordnen

Natürlich muß dein Arbeitsplatz auch *praktisch* sein, damit du rasch und sicher ans Ziel kommst. Schreibgeräte, Papier oder Bücher sollen in Reichweite liegen und sofort *griffbereit* sein. Ganz wichtig ist eine *Pinwand* zum Anheften von Notizen. Auch ein *Papierkorb* für deine Abfälle gehört unbedingt dazu. Vergiß auch nicht, dir bei Gelegenheit ein *Lexikon* zu wünschen, damit du bei Unklarheiten sofort nachschlagen kannst.

Den eigenen Arbeitsplatz gestalten

Alles, was ich dir bis jetzt gesagt habe, kannst du natürlich nur an deinem *eigenen Arbeitsplatz* tun. Manche Schüler lernen zwar am Küchentisch lieber, die Gefahr der Ablenkung ist aber dort auch viel größer. Wenn du zielbewußt lernen willst, brauchst du deinen ganz persönlichen Arbeitsplatz.

Unser Zeichner hat dir einen Arbeitsplatz mit den wichtigsten Arbeitsmitteln aufgezeichnet. Vielleicht kannst du mit deinen Eltern besprechen, wie du bei dir zu Hause deinen eigenen Arbeitsplatz gestalten kannst. Mit Phantasie und gutem Willen läßt sich auch in einer kleinen Wohnung etwas machen.

- GROSSE ARBEITSFLÄCHE
- GEMÜTLICHE AUSGESTALTUNG
- LICHT VON LINKS
- LAMPE
- ARBEITSMITTEL
  - Bleistifte
  - Filzstifte
  - Schere
  - Klebstoff
  - Lineal
  - Dreieck
  - Radiergummi
  - Locher
  - Büroklammern
  - Klammermaschine
- ABREISSBLOCK
- PINWAND
- PAPIERKORB
- ABLAGE FÜR BÜCHER
- KALENDER

Vergiß übrigens nicht auf einen guten *Sessel!* Du solltest möglichst aufrecht sitzen und beide Beine auf den Boden stellen können. Beim Lernen ist eine *gute Haltung* ebenso wichtig wie beim Sport. Bei schlechter Haltung verkrampfen wir uns leicht und lernen dann nicht optimal.

Ordnung halten

Schließlich sollte der Arbeitsplatz auch noch *ordentlich* sein. Ordnung kann dir zunächst helfen, alles möglichst rasch zu finden. Wenn alles seinen Platz hat, brauchst du nicht unnötig lang zu suchen. „Ordnung ist die halbe Arbeit", sagt ein Sprichwort.

Ich möchte dir aber noch einen Tip für deine Lernarbeit geben: Die Ordnung auf deinem Schreibtisch bringt auch Ordnung und Klarheit in deinen Kopf. Wenn du vor jeder Lernarbeit eine Minute lang ganz *bewußt Ordnung schaffst*, stellt sich dein Geist innerlich auf das Lernen ein. Ohne Hektik, in aller Ruhe aufräumen. Stück für Stück. Du spürst: „Bei dieser Arbeit werde ich innerlich beruhigt und geistig klarer."

Probiere das gleich einmal eine Minute lang aus: Ganz zielbewußt Ordnung schaffen. Setze dich dann an deinen Arbeitsplatz und genieße ihn richtig.

Trainingsziel 1: Den Arbeitsplatz gestalten

Wenn ich an meinem Arbeitsplatz sitze, stelle ich mich von selbst auf das Lernen ein:
— Ich sorge für einen eigenen Arbeitsplatz und gestalte ihn freundlich und praktisch.
— Ich ordne ganz bewußt meinen Arbeitsplatz, Stück für Stück.
— Ich setze mich an meinen Arbeitsplatz und genieße ihn eine Minute lang.
— Ich spüre, daß ich an diesem Platz zielbewußt und erfolgreich lernen werde.

1.2 Lerneinstellung
„… sich positiv einstimmen."

Wenn du selbst Sport betreibst, dann weißt du, wieviel Freude das machen kann. Es ist schön, sich zu bewegen, sich selbst herauszufordern und die eigene Leistung zu steigern. Auch wenn wir uns dabei körperlich anstrengen müssen, gehen wir mit einer positiven Einstellung an die Sache heran. „Heute möchte ich wieder so schnell laufen wie gestern", sagt Michael zu sich, und er stimmt sich damit positiv auf das Training ein.

Ähnlich ist es wieder beim Lernen. Wenn wir mit einer positiven Einstellung an die Lernarbeit herangehen, gelingt sie uns auch leichter. Haben wir hingegen Zweifel, trauen wir uns nichts zu oder finden wir keinen Sinn daran, dann „läuft" auch nichts. Stell dir vor, was Michael erreichen würde, wenn er zu sich sagt: „Dieses blöde Training! Das bringt doch gar nichts."

„Lernbarrieren" abbauen

Solche negativen Sätze sind wie Barrieren. Sie versperren uns den Weg zum Erfolg. Leider verbinden viele Schüler mit dem Lernen nur *negative Gedanken*: „Ich bin nun einmal kein guter Schüler, ich werde es nie schaffen." Oder: „Mathematik verstehe ich nicht, es lohnt sich gar nicht, daß ich mich anstrenge." Kennst du auch auch bei dir solche negativen Einstellungen zum Lernen? Hast du ein „Problemfach", das dir das Lernen vermiest? Empfindest du das Lernen als Last?

Wenn du dem Lernen gegenüber negativ eingestellt bist, so bedenke zuerst einmal: Du hast nicht immer so gedacht! Als kleine Kinder haben wir alle ständig gelernt: Sprechen, Zeichnen, Radfahren … Das Lernen hat uns damals Spaß gemacht, es ging ganz natürlich, wie von selbst. „Warum ist das Wasser naß?" „Wieso kann ein Vogel fliegen?" „Wo wohnt der liebe Gott?" Ständig fragen kleine Kinder, wollen etwas wissen, sind neugierig.

Positive Lernerlebnisse erinnern

Wenn du erfolgreich lernen willst, brauchst du auch eine solche *positive Einstellung zum Lernen*. Du kannst gleich jetzt damit beginnen: Denk daran, jeder von uns hatte

schon einmal einen Lernerfolg, auch du! Es war ein gutes Gefühl, etwas Neues zu erfahren, Wissen anzuwenden oder das eigene Können zu beweisen. Du brauchst dich nur daran zu erinnern.

Ich erinnere mich zum Beispiel daran, wie stolz ich war, als ich das erste Mal mit dem Fahrrad einige Meter ohne fremde Hilfe fahren konnte. Das war ein Hochgefühl! Vorher aber mußte ich viel üben und manchen Sturz in Kauf nehmen. Aber als Kind hatte ich damals diesen sportlichen Ehrgeiz. Noch ein Beispiel fällt mir ein: In Mathematik war ich nie ein besonderes Genie. Aber es hat mir Spaß gemacht, eine schwierige Textaufgabe zu „knacken". Ein tolles Gefühl ist das, wenn man es geschafft hat!

Wenn du dich an einen *früheren Lernerfolg* erinnerst, wird es dir leichter gelingen, wieder die angenehmen Seiten des Lernens zu entdecken. Das kann dir helfen, auch für deine heutige Lernarbeit eine positive Lerneinstellung zu entwickeln. Du wirst sehen, daß dann alles leichter von der Hand geht.

Manchmal brauchen wir eine ganz bestimmte *Fähigkeit für das Lernen* in der Schule, zum Beispiel Konzentrationsfähigkeit, Angstfreiheit oder Selbstvertrauen. Auch hier kann die Erinnerung an eine *frühere Situation* helfen, heute diese Fähigkeit zu trainieren.

Versuche das gleich einmal. Nimm dir ein paar Minuten Zeit. Setze dich bequem hin und schließe deine Augen. Erinnere dich an ein angenehmes Erlebnis, wo du etwas gelernt oder eine erwünschte Fähigkeit gehabt hast. Laß dieses Erlebnis deutlich vor deinen inneren Augen aufsteigen. Spüre dem angenehmen Gefühl bei diesen Erinnerungen in dir nach. Diese Bilder helfen dir, daß deine Lernfähigkeiten wachsen.

Positiv denken

Du kannst auch an einen *zukünftigen Lernerfolg* denken. Jede Lernarbeit – auch wenn sie dich im Moment „anödet" – hat etwas Positives an sich. Zumindest den folgenden Satz kannst du immer zu dir sagen: „Es ist positiv, wenn ich diese Arbeit erledigt habe. Ich kann dann beruhigt etwas anderes machen."

Suche also bewußt etwas *Positives an deiner Lernarbeit!* Im obigen Beispiel verschafft dir das Lernen einmal *Beruhigung und Sicherheit.* Viele Schüler sehen auch im *Erfolg* einen Anreiz für ihr Lernen: „Wenn ich diese Arbeit sauber erledige, bekomme ich eine gute Note."

Der *Anreiz durch Noten* ist allerdings für sinnvolles Lernen meist zu wenig. Du lernst dann möglicherweise nicht für dich selbst, sondern nur für eine äußerliche Belohnung. Frage dich immer, ob du nicht auch aus *Interesse am Lernstoff* lernen kannst. Ich bin sicher, daß du überall etwas Interessantes und Bedeutsames für dich finden kannst! Denke etwa daran, daß es Freude bringt, Neues zu erfahren, etwas zu wissen und sein eigenes Können zu steigern. Solche Gedanken können dich auf das Lernen positiv einstimmen.

Setze dich dazu wieder ganz entspannt hin. Stelle dir vor, wie es ist, wenn dir beim Lernen alles gelingt. Laß Bilder auftauchen, in denen du Interesse und Freude am Lernen hast. Genieße das angenehme Gefühl, das bei diesen positiven Gedanken auftaucht.

Negative Gedanken unterbrechen

Bleib also nicht bei negativen Gedanken zum Lernen stehen. Wenn du sie hegst und pflegst, werden sie sich nur vermehren. Gib den negativen Gedanken über das Lernen keine Nahrung! Wenn du zweifelst oder aufgeben möchtest, sage innerlich zu dir: *„Stop! So will ich nicht weiterdenken."* Wende dich angenehmen und positiven Gedanken zu.

„Physik interessiert mich nicht!" „Dazu habe ich keine Lust!" „So fad." Stop! – Nimm bewußt eine positive Haltung ein. Versuche es einmal so: „Physik macht mir Spaß. Ich interessiere mich dafür und setze mich damit auseinander. Ich bin sicher, daß ich etwas Positives daran finden werde."

Du wirst sehen, daß solche Gedanken eher zum Erfolg führen. Und sollte Physik tatsächlich „fad" unterrichtet werden, dann wirst du mit deiner neuen Einstellung vielleicht auch den Mut finden, einmal mit dem Lehrer darüber zu sprechen. Wenn du nämlich weißt, was du willst und worüber du redest, wächst auch dein Selbstvertrauen. Ich meine also nicht, daß du nun das Lernen in der Schule nur mit einer „rosaroten Brille" sehen sollst. Da gibt es oft berechtigt etwas zu ändern. Meist geschieht das aber nicht von selbst, sondern nur, *wenn wir uns selbst ändern und etwas unternehmen.*

„Vokabellernen erfordert eine Menge Arbeit", sagt Michael, „aber ich freue mich, daß ich den Mut gefunden habe, meine Lehrerin um einige Tips für das Vokabellernen zu fragen. Es ist ein gutes Gefühl, daß ich mir das zugetraut habe. Und es macht mir auch Spaß, wenn ich die Vokabel weiß und mich in den Fremdsprachen sicher ausdrücken kann."

Könntest du einen ähnlich positiven Satz für dich formulieren? Versuche es gleich einmal. Notiere ihn auf einem Zettel und genieße dann das angenehme Gefühl, das sich bei diesen positiven Gedanken einstellt.

Was ist aber, wenn dich nun die negativen Gedanken nicht loslassen? Wenn du merkst, daß du ständig grübelst, zweifelst oder unzufrieden bist, dann hilft nur eines: *Laß diese Gedanken einfach vorbeiziehen.* Sie sind da, aber du brauchst sie nicht besonders zu beachten. Arbeite einfach weiter. Tu das, was du als nächstes tun mußt. Du wirst merken, daß sich dadurch in dir bereits etwas zum Positiven verändert.

Lernfreude
Kassette, Seite A, Nr. 1 oder Anhang, S. 122

Trainingsziel 2: Sich positiv einstimmen

Wenn ich zu lernen beginne, stimme ich mich positiv ein. Ich weiß, daß mir dann alles viel besser gelingt:
— Bei negativen Gedanken sage ich selbst zu mir: „Stop! So will ich nicht weiterdenken."
— Ich erinnere mich an ein angenehmes Lernerlebnis oder an eine bestimmte Fähigkeit aus früherer Zeit.
— Ich versuche, etwas Positives an jeder Lernarbeit zu finden.
— Ich nehme das angenehme Gefühl wahr, das mit diesen positiven Gedanken verbunden ist.
— Dieses Gefühl gibt mir Kraft und Zuversicht, meine Ziele zu erreichen.

1.3 Aktivierung
„... sich aufwärmen und
auflockern."

Zu den Startvorbereitungen gehören beim Sport in erster Linie körperliche Auflockerungs- und Aufwärmübungen. Sicher hast du schon einmal beobachtet, wie sich Fußballspieler vor dem Spiel aktivieren: Sie dehnen und strecken alle Muskeln, machen ein paar Kniebeugen, laufen einige Schritte. Vorhandene Müdigkeit wird abgeschüttelt, alle Muskeln werden locker und geschmeidig. Wer ohne Aufwärmen beginnt, verkrampft sich leicht und kann nicht mit vollem Einsatz spielen.

Wiederum ist es beim Lernen ähnlich. Wenn wir körperlich oder geistig müde und abgespannt sind, lernen wir auch weniger gut. Wir brauchen die richtige „Betriebstemperatur" für eine optimale Leistungsfähigkeit. Unser Gehirn muß aktiviert werden. Wenn wir ermüdet , unkonzentriert oder verspannt sind, sollten wir uns ein wenig „auf Touren bringen".

Es ist daher günstig, wenn du dich vor oder während des Lernens immer wieder *selbst überprüfst*:

— Bin ich für das Lernen genug aktiviert?
— Kann ich mich konzentrieren?
— Bin ich noch bei der Sache?
— Arbeite ich zielbezogen?

Wenn du merkst, daß du zu wenig aktiv bist, kannst du eine der folgenden Übungen *vor* oder *während* der Lernarbeit ausführen:

Räkeln – dehnen – strecken

Du hast sicher schon einmal eine Katze beobachtet, wenn sie nach einem Schläfchen aufsteht. Sie springt nicht gleich hoch, sondern dehnt und streckt vorerst alle Glieder. Dadurch wird sie wieder frisch und munter. Dehne dich wie ein Kätzchen, strecke die Arme, räkle dich wohlig. Wenn du Lust hast, kannst du dabei auch richtig gähnen ...
Schalte nun eine kurze *Besinnungspause* ein. Spüre dabei in deinen ganzen Körper hinein, wie gut ihm diese Aufwärmübung getan hat ...

Mit der Nase schreiben

Stell dir vor, daß deine Nase ein Bleistift ist, mit dem du schreiben und zeichnen kannst. Bewege nun deinen Kopf sanft hin und her, als ob du mit der Nase etwas kritzeln würdest ...
Male nun mit deiner Nasenspitze eine große Acht in die Luft ..., dann eine Blume ...
Versuche jetzt, deinen Namen mit der Nase zu schreiben ...
Nun wieder eine Besinnungspause: Spüre in deinen Hals und Nacken hinein, wie angenehm entspannt und gelockert du bist.

Wasser abschütteln

Stelle dich leicht gegrätscht auf, die Hände baumeln locker hinunter. Schüttle sie nun ganz locker, als ob du Wassertropfen abschütteln würdest.
Schüttle jetzt fester, sodaß sich auch deine Unter- und Oberarme mitbewegen ...
Schüttle jetzt deinen ganzen Oberkörper, etwa so wie ein tropfnasser Hund ...
Schalte eine kurze Besinnungspause ein. Spüre in deinen Körper hinein, wie gelockert und aktiviert er nun ist.

Kurzturnen

Körperübungen dienen nicht nur der Aktivierung, sondern auch der Erhaltung deiner Gesundheit. Die folgenden Punkte sollten dabei beachtet werden:

Den Kreislauf in Schwung bringen:

Stelle dich vor einen Sessel, halte deine Arme im Nacken verschränkt. Nun steige abwechselnd mit einem Fuß auf die Sitzfläche des Sessels, etwa 10 bis 20mal.

Die Wirbelsäule mobilisieren:

Auf einen Sessel setzen, beide Arme seitwärts ausstrecken. Ein Daumen zeigt dabei nach oben, der andere nach unten. Nun wechselseitig 20mal mit beiden Armen hin- und herschwingen; dabei jeweils dem hinteren Arm nachschauen.

Die Muskeln dehnen und lösen:

Auf einen Sessel setzen, beide Arme hochstrecken. Nun Arme und Oberkörper langsam zur Seite neigen und während des Seitenbeugens ausatmen. Dann zur anderen Seite beugen, insgesamt etwa 10mal.

Die Muskeln kräftigen:

Auf den vorderen Rand eines Sessels setzen, den Oberkörper leicht nach hinten lehnen und mit beiden Händen den Sitzrand anfassen. Nun – wie beim Radfahren – mit beiden Beinen abwechselnd „treten", sodaß die Knie deutliche Kreise beschreiben.

Entspannen:

Nach diesem Übungsprogramm nun wieder eine Besinnungspause einschieben. Auf dem Sessel sitzenbleiben, die Augen schließen und eine Minute lang ganz ruhig bleiben. Dabei bewußt auf den Atem achten, wie er gleichmäßig, ganz von selbst aus- und einfließt.

Überkreuzen

Wenn du gleichzeitig mit der rechten und der linken Körperhälfte eine Bewegung ausführst, wird dein Gehirn besonders angeregt.

„Marschierübung":

Strecke deinen rechten Fuß vor, also ob du einen Schritt gehen wolltest. Gleichzeitig hebst du deine linke Hand empor. Merkst du, daß auf diese Weise eine überkreuzte Bewegung entsteht?

Versuche das nun etwa fünfmal hintereinander, ehe du wechselst.

Nun linkes Bein nach vor, gleichzeitig rechten Arm nach oben. Etwa fünfmal diese Überkreuz-Bewegung ausführen. Falls dir die Übung schwerfällt, versuche sie im Liegen.

„Storch-Übung":

Rechtes Knie abbiegen, den Fuß in die linke Kniekehle legen; du stehst wie ein Storch auf einem Bein. Gleichzeitig den linken Arm abbiegen und die linke Hand rechts auf die Rippen legen.

Hast du das? Dann versuche, diese Bewegung etwa fünf- bis zehnmal auszuführen, ehe du wechselst.

Ideale Haltung

Du weißt, daß es in vielen Sportarten auf die ideale Körperhaltung ankommt. Ein Turner bekommt beispielsweise die Idealnote 10, wenn er seine Übung an den Ringen in perfekter Haltung ausführt.

Stelle dir in deiner Phantasie vor, wie du aussehen würdest, wenn dir beim Lernen alles gut gelingt. Welche Körperhaltung hättest du dann? Versuche diese Haltung jetzt eine Minute lang einzunehmen. Bewege dich mit dem Gefühl, daß du alles richtig machst. Diese positive Haltung kann dir helfen, deine Ziele leichter zu erreichen.

Wenn du heute eine Lernarbeit zu erledigen hast, kannst du gleich eine dieser Übungen erproben. Vergiß nicht, dich auch zwischendurch immer wieder zu überprüfen, ob du noch *aktiv bei der Sache* bist.

Trainingsziel 3: Sich aktivieren

Wenn ich erfolgreich lernen will, muß ich richtig aktiviert sein:
— Ich überprüfe vor dem Lernen, ob ich entsprechend „aufgewärmt" bin.
— Ich kontrolliere mich während der Lernarbeit, ob ich noch aktiv und konzentriert bei der Sache bin.
— Ich aktiviere mich bei Müdigkeit durch eine Körperübung.
— Ich schalte eine kurze Besinnungspause ein und genieße es, daß ich nun optimal lernbereit bin.
— Ich arbeite zielbewußt weiter.

2. „An den Start gehen"

Wenn sich unsere Sportler vorbereitet und aufgewärmt haben, können sie an den Start gehen. Jetzt kommt es darauf an, Ruhe zu bewahren und sich voll zu konzentrieren. Schauen wir einmal Stefan zu. Er ist Mitglied im Schwimmverein und startet heute bei einer Schülermeisterschaft. Alle stehen hinter den Startsockeln im Schwimmbad. Beim Kommando „Auf die Plätze!" steigen sie hinauf, nehmen die Startposition ein und warten gespannt auf das Startzeichen. Da – einer springt weg! Ein Frühstart! Die Nerven sind mit ihm durchgegangen, die Aufregung hat ihm zu sehr zu schaffen gemacht.

Im Sport kommt es also auch auf „Nervenstärke" an, speziell bei einem Wettbewerb. Es gibt Sportler, die man als „Trainingsweltmeister" bezeichnet. Im Training sind sie hervorragend, beim Rennen haben sie nicht den erwarteten Erfolg. Streß und Spannung verhindern, daß sie ihre volle Leistung erbringen.

Ähnlich ist es nun auch beim Lernen. Wenn wir unruhig und unkonzentriert sind, uns aufregen oder gar Angst haben, gelingt uns nichts richtig. Auch in der Schule gibt es „Trainingsweltmeister". Diese Schüler können zu Hause noch alles, aber bei der Prüfung haben sie einen „Kurzschluß". Es fällt ihnen nichts mehr ein. Der Prüfungsstreß blockiert das Gehirn.

Aber auch bei der täglichen Lernarbeit ist es wichtig, daß wir aufmerksam und konzentriert, ausgeglichen und gelassen sind. Wenn wir uns vor dem Lernen oder vor einer Prüfung *beruhigen,* uns richtig *entspannen* und *positive Gedanken* zulassen, vermeiden wir unnötige „Denkblockaden" und kommen so zum Erfolg.

2.1 Beruhigung: „… die Nerven behalten."

Stefan wartet *ruhig und konzentriert* auf das Startzeichen für den Schwimmbewerb. Er hat gelernt, auch beim Start „die Nerven zu behalten". „Atme ruhig und gleichmäßig", hat ihm sein Trainer gesagt, „dann wirst du voll konzentriert bleiben."

Bist du auch manchmal in der Schule oder zu Hause aufgeregt, unkonzentriert oder leicht ablenkbar? Wenn du zum Beispiel einen aufregenden Fernsehfilm gesehen hast, dann hängst du leicht mit deinen Gedanken diesen Bildern nach. Vor dir liegt das Mathematik-Heft, aber in deinem Gehirn läuft ein toller Film ab. Aber auch ein Streit in der Familie oder in der Schule kann dich innerlich beschäftigen und von deiner Arbeit ablenken. Besonders nachteilig ist für das Lernen die Angst vor Prüfungen oder vor schlechten Noten. Dann kreisen oft nur negative Gedanken im Kopf und lassen für den Lernstoff keinen Platz mehr.

Sich konzentrieren

Prüfe dich also *vor und während des Lernens* mit Fragen wie:
„Bin ich unkonzentriert oder unaufmerksam?"
„Bin ich aufgeregt oder abgelenkt?"
„Bin ich noch bei der Sache?"

Wenn du unkonzentriert, unaufmerksam oder aufgeregt bist, dann solltest du dich vorerst einmal *innerlich beruhigen*. Erst wenn dein Geist ruhig und klar ist, kann er Neues aufnehmen oder Gelerntes sicher wiedergeben.

Wie kannst du lernen, dich innerlich zu beruhigen? Nun, dazu eignen sich einfache Übungen, bei denen du dich *ganz bewußt* mit einer einzigen Sache beschäftigst. Konzentrieren bedeutet, „sich in der Mitte sammeln", alles andere rundherum weglassen, die Aufmerksamkeit auf einen Punkt richten. Körper, Seele und Geist werden ruhig und gelassen.

Betrachte den Mittelpunkt dieser Figur. Konzentriere dich zwei oder drei Minuten ganz fest darauf. Laß dich nicht ablenken. Nimm einfach wahr, was du dabei siehst oder sonst erlebst.

Hast du gemerkt, daß diese kleine Übung deine ganze Konzentration erfordert? Nur zu gerne schweifen die Gedanken ab, die Aufmerksamkeit richtet sich auf andere Dinge. Gerade deswegen ist Übung notwendig. Versuche sie daher gleich nochmals. Wenn du mit den Gedanken abschweifst, kehre wieder in das Zentrum zurück …

Die folgenden Übungen dienen auch der Konzentration und inneren Beruhigung. Einige betonen auch die körperliche Entspannung, die ebenfalls beim Lernen günstig ist. Wähle eine Übung aus, die dich anspricht. Führe sie in der nächsten Zeit mehrfach am Tag durch, etwa drei bis fünf Minuten lang. Bei manchen Übungen ist es günstig, sie auf Tonband zu sprechen. An den Stellen mit Punkten (…) läßt du etwa 10 bis 20 Sekunden lang eine Pause.

Atmen

Setze oder lege dich bequem hin, schließe dann deine Augen …
Entspanne dich, laß alles los …
Beobachte nun deinen Atem, wie er von selbst kommt und geht … du brauchst nichts dazu tun, ganz von alleine bewegt sich deine Bauchdecke: auf und ab …, ein und aus …
Sag nun bei jedem Ausatmen ein persönliches „Entspannungswort", etwa: „Ruhe", „loslassen", „entspannen" …
Bleibe so einige Zeit sitzen und genieße die Ruhe und Entspannung. Vergiß nicht auf dein „Entspannungwort" beim Ausatmen …
Dehne und strecke dich nun, spanne alle Muskeln an und öffne deine Augen …
Du wirst dich innerlich ruhiger und entspannter fühlen …

Horchen

Setze oder lege dich bequem hin …, schließe dann deine Augen …
Achte nun auf alle Geräusche, die du hier im Raum hören kannst …
Konzentriere dich nun auf alle Geräusche, die von außen kommen …
Horche nun deinem eigenen Atem zu, ohne ihn zu beeinflussen …
Dehne und strecke dich nun, spanne alle Muskeln an und öffne deine Augen …
Du wirst dich innerlich ruhiger und entspannter fühlen …

Schauen

Setze dich bequem hin … Betrachte ganz bewußt deine rechte Hand …
Fahre mit den Augen die Linien deiner Innenhand nach …, nimm bewußt jede einzelne Linie wahr …
Achte auf die vielfältigen Spuren und Zeichnungen auf deiner Hand …
Schau noch eine Minute so hin. Immer wieder wird dir etwas Neues auffallen …
Dehne und strecke dich dann; du wirst dich innerlich ruhiger und entspannter fühlen.

Ergänzung: Versuche später dasselbe mit verschiedenen Gegenständen. Nimm ihre Farbe, ihre Form ebenso bewußt auf. Schließe dann deine Augen und laß das Bild des Gegenstandes vor deinen inneren Augen entstehen. Überprüfe dich dann selbst.

Tasten

Setze dich bequem an deinen Arbeitstisch und lege verschiedene Gegenstände auf, zum Beispiel einen Stift, ein Heft, Radiergummi usw.

Schließe nun die Augen …
Betaste jeden Gegenstand ganz bewußt.
Untersuche seine Form, die Oberfläche …
Versuche auch, den Geruch oder auch den Geschmack bewußt wahrzunehmen …
Dehne und strecke dich nun, spanne alle Muskeln an und öffne deine Augen …
Du wirst dich nun innerlich ruhiger und entspannter fühlen …

Spüren

Setze oder lege dich bequem hin …, schließe dann deine Augen …
Spüre dann in deinen Körper hinein und gehe mit deiner Aufmerksamkeit in deinen rechten Fuß. Du merkst, daß der Fuß ganz ruhig und schwer wird …
Spüre nun in deinen linken Fuß. Dein linker Fuß wird ganz ruhig und schwer …
Nun wanderst du mit deiner Aufmerksamkeit in den Bauchraum. Du atmest ruhig und gleichmäßig. Deine Bauchdecke hebt und senkt sich ganz von selbst …
Achte nun auf deinen Oberkörper …, spüre dann in deinen rechten Arm hinein. Die rechte Hand wird ganz ruhig und schwer …
Nun zum linken Arm. Auch die linke Hand wird ganz ruhig und schwer …
Schließlich spürst du noch in deinen Kopf hinein. Alle Spannung entweicht … dein Kopf ist ganz klar …
Dehne und strecke dich nun wieder, spanne alle Muskeln an und öffne deine Augen …
Du wirst dich innerlich ruhiger und entspannter fühlen …

Innere Beruhigung
Kassette, Seite A, Nr. 2 oder Anhang, S. 123

Phantasieren

Setze oder lege dich bequem hin …, schließe dann deine Augen …
Du siehst dich selbst auf einer Wanderung durch eine wunderschöne Gegend …
Du spürst deine Müdigkeit und setzt dich hin …, du ruhst dich aus …
Ringsherum ist Stille …, in der Ferne hörst du das Plätschern eines Baches …
Du sitzt an diesem wunderschönen Platz und genießt die warmen Sonnenstrahlen …
Ein sanfter Wind durchstreift dein Haar …
Ruhe und Entspannung breitet sich in deinem ganzen Körper aus … (1 Minute …)
Dehne und strecke dich nun wieder, spanne alle Muskeln an und öffne deine Augen …

Dieses schöne „Ruhebild" kannst du immer auftauchen lassen, wenn du dich entspannen und beruhigen willst.

Zur geistigen Beruhigung kann auch nebenstehende Zielscheibe beitragen, wenn du sie etwa eine Minute lang betrachtest. Versuche es gleich einmal.

24

Trainingsziel 4: Sich beruhigen

Wenn ich vor dem Lernen oder vor einer Prüfung aufgeregt, unkonzentriert oder leicht ablenkbar bin, kann ich mich innerlich beruhigen und konzentrieren:

— Ich setze oder lege mich bequem hin.
— Ich richte meine Aufmerksamkeit nur auf eine einzige Sache, etwa auf den Atem, auf ein Bild oder auf meinen Körper.
— Ich versuche, einige Zeit diese Sache ganz bewußt zu beachten.
— Ich spüre in mir nach, wie ich innerlich ruhig und entspannt werde.
— Ich aktiviere mich nach der Beruhigung wieder, indem ich mich dehne und strecke und die Muskeln fest anspanne.
— Ich bin nun bereit, zielbewußt zu lernen.

2.2 Optimale Spannung
„... sich voll konzentrieren."

Schau dir einmal im Fernsehen einen 100-Meter-Läufer an: Voll konzentriert wartet er auf das Startzeichen. Du siehst jeden einzelnen seiner Muskeln. Wie ein „Kraftpaket" wird er gleich losstarten. Er ist weder zu schlaff noch zu verkrampft, sondern optimal gespannt. Das garantiert höchste Leistungsfähigkeit.

Ähnlich ist es wieder beim Lernen. Wenn wir körperlich oder geistig matt und schlaff sind, geht nichts in unseren Kopf hinein. Aber auch wenn wir uns zu sehr anspannen und mit Gewalt etwas erzwingen wollen, „läuft nichts". Wir brauchen eine *mittlere Spannung* im Körper und im Gehirn. Man lernt am besten im Zustand *entspannter Aufmerksamkeit*.

In den bisherigen Übungen haben wir dieses Prinzip der optimalen, mittleren Spannung bereits kennengelernt. Bei Müdigkeit aktivieren wir uns durch Bewegung. Bei Aufregung brauchen wir eine Übung zur Beruhigung.

Hier zeige ich dir ein weiteres Trainingsprogramm, das sich für das Lernen als besonders hilfreich erwiesen hat. Dabei spannst du einzelne Muskeln gezielt an, hältst die Spannung etwa 5 Sekunden lang – und läßt dann los. Die Entspannung breitet sich im ganzen Körper aus.

Anspannen und entspannen

Versuche das gleich einmal: Setze dich aufrecht hin. Mache eine Faust, beuge den Arm und spanne ihn fest an. Zeige richtig die Muskeln, ohne dich zu verkrampfen. Diesen Zustand nennen wir „Spannung 100".

So, nun laß die Spannung nach, etwa auf 80, dann auf 60, schließlich noch auf 40. Merkst du den Spannungsunterschied in deinen Armmuskeln? Zuerst waren sie ganz angespannt, jetzt ist weniger Spannung drinnen.

Nun nochmals auf „Spannung 100" – fünf Sekunden diese Spannung anhalten – und jetzt herunter auf „Spannung 0". Dein Arm sinkt auf die Oberschenkel. Die Spannung fließt hinaus. Ein angenehmes Gefühl. Arm und Hand sind ganz entspannt, locker, weich. Dein Atem geht ruhig und gleichmäßig.

Ein „Entspannungswort" einüben

Jedesmal, wenn du die Muskeln losläßt, kannst du auch ein *„Entspannungswort"* innerlich vorsagen, etwa: „entspannen" – „loslassen" – „lockern". Vielleicht findest du auch ein eigenes „Entspannungswort", das für dich angenehm und entspannend klingt.

Dein „Entspannungswort" soll dein ganz persönliches Geheimnis bleiben. Du hast damit nämlich ein tolles Geheimrezept gegen Streß, Angst und Unkonzentriertheit zur Hand. Wenn du dein Geheimwort nach einiger Zeit der Einübung *innerlich vorsagst*, wirst du dich ganz von selbst entspannen. Du wirst dann beim Lernen oder bei Prüfungen ruhig und konzentriert bleiben.

Beginne also gleich mit dem Üben: Entscheide dich für ein persönliches „Entspannungswort" und führe die Übung mit dem anderen Arm aus:

Hände zur Faust ballen, Arm beugen und alle Muskeln zeigen. Diese „Spannung 100" anhalten – etwa 5 Sekunden lang – ohne dabei zu verkrampfen.

Nun dein „Entspannungswort" vorsagen – und loslassen. „Spannung 0" einstellen, Arm und Hand ausruhen lassen. Die Spannung fließt hinaus. Ein angenehmes Gefühl. Arm und Hand sind ganz entspannt, locker, weich. Dein Atem geht ruhig und gleichmäßig.

In Lernbereitschaft gehen

Durch diesen Wechsel von Anspannung und Entspannung schaukeln wir uns in einen Zustand einer mittleren Spannungslage im Körper. Es hat sich gezeigt, daß dabei auch im Gehirn ein *optimal lernbereiter Zustand* eintritt. Du brauchst dich also nicht krampfhaft zu konzentrieren. Besser ist es, mit entspannter Aufmerksamkeit den Lernstoff aufzunehmen.

Vor einer schwierigen Lernaufgabe oder auch *vor einer Prüfung* hilft dieses Muskeltraining, bessere Leistungen zu erbringen. Allerdings ist es erforderlich, daß du vorher entsprechend übst. Später genügt es dann oft, nur das „Entspannungswort" vorzusagen, um in den lernbereiten Zustand zu gelangen.

Zur Einübung dieser Muskelentspannung ist es günstig, verschiedene Muskelgruppen im ganzen Körper *zuerst anzuspannen*, dann *nach etwa 5 Sekunden loszulassen*. Setze dich auf einen Sessel und übe sie in der folgenden Reihenfolge ein:

Muskelentspannung

Beide Hände zur Faust ballen, Arme beugen und die Muskeln zeigen – 5 Sekunden anhalten – „Entspannungswort" und loslassen.

Alle Muskeln im Gesicht anspannen, eine richtige Grimasse schneiden – 5 Sekunden anhalten – „Entspannungswort" und loslassen.

Pause, etwa 20 Sekunden: Dein Atem kommt und geht ganz von selbst. Ein und aus, ein und aus …

27

Alle Muskeln in den Schultern und der Brust anspannen, einen festen Muskelpanzer machen – 5 Sekunden anhalten – „Entspannungswort" und loslassen. Pause …

Die Bauchmuskeln fest spannen, der Bauch wird ganz hart – 5 Sekunden anhalten – „Entspannungswort" und loslassen. Pause …

Beide Beine fest auf den Boden drücken, Oberschenkel und Unterschenkel sind ganz angespannt – 5 Sekunden anhalten – „Entspannungswort" und loslassen. Pause …

Nun die Entspannung im ganzen Körper genießen. Die Augen schließen und einige Atemzüge lang alle Gedanken abschalten. Du bist jetzt optimal lernbereit.

Wenn du diese Übung häufig ausgeführt hast, genügt es oft, alle Muskeln auf einmal anzuspannen – vom Kopf bis zu den Zehen – das „Entspannungswort" zu sagen – und loszulassen.

 *Muskelentspannung*
Kassette, Seite A, Nr. 3 oder Anhang, S. 123

Trainingsziel 5: Entspannen und konzentrieren

Wenn ich aufmerksam, konzentriert und optimal lernbereit sein will, hilft mir eine gezielte Muskelentspannung:
— Ich setze mich bequem auf einen Sessel.
— Ich spanne alle Muskeln in meinem Körper ganz fest an.
— Ich halte diese Spannung etwa 5 Sekunden lang durch.
— Ich sage mein „Entspannungswort" und lasse die Spannung los.
— Ich genieße das wohlige Gefühl der Entspannung im ganzen Körper.
— Ich bin nun in optimaler Spannung und kann gezielt lernen.

2.3 Vorstellungskraft
„... das Ziel vor Augen haben."

„Wenn ich das Sportabzeichen erreichen will, muß ich mich im Weitsprung noch um 10 Zentimeter steigern", sagt Christine. „Das habe ich mir als Ziel vorgenommen. Ich habe es genau vor meinen Augen. In meiner Phantasie sehe ich mich zur Sprunggrube laufen. Ich stelle mir deutlich vor, wie ich mit voller Kraft abspringe, lange in der Luft bleibe und die Landung ganz perfekt ausführe. Wie in einem Film sehe ich alles vor mir ablaufen ..."

Trainingsziele formulieren

Christine hat sich ein Ziel für das Weitspringen gesetzt. Hast du auch ein Ziel, das du dir für das Lernen vornimmst? Vielleicht möch-

test du deine *Aussprache in Englisch* verbessern oder in Deutsch spannende *Aufsätze schreiben* lernen. Möglichwerweise willst du deine *Konzentrationsfähigkeit* steigern, um bei Diktaten weniger Fehler zu machen. Oder brauchst du etwa mehr *Ruhe und Sicherheit*, damit du bei einer Prüfung nicht aufgeregt bist?

Wenn du dich in einem Lernbereich verbessern möchtest, brauchst du zuerst ein *klares Trainingsziel*. Eva hat zum Beispiel Probleme bei den Hausaufgaben. Sie fängt nur ungerne an, trödelt herum und bekommt deswegen ständig Ärger mit ihrer Mutter. Sie ist mit sich selbst nicht zufrieden und möchte sich verändern. Sie nimmt sich als Ziel vor, bei den Hausaufgaben *konzentriert zu arbeiten*. Eva schreibt ihr Trainingsziel so auf einen Zettel:

> Ich arbeite ganz konzentriert
> an meinen Hausaufgaben.
> Ich sehe, wie ich zügig
> arbeite und eins nach dem
> anderen erledige.
> Zu Hause gibt es weniger
> Ärger. Ich habe auch mehr
> Zeit, meine Freundinnen
> zu besuchen.
> Es ist ein angenehmes Gefühl,
> an dieses Ziel zu denken.

Eva hat hier *drei Regeln* beachtet, wie man ein *Trainingsziel beschreiben* soll:

positiv:

Notiere dein Ziel immer *positiv.* Das bedeutet: Schreibe es so auf, als ob du es jetzt schon – in der Gegenwart – erreicht hättest. Du siehst dich dabei selbst, wie du alles gut und richtig machst.
Beispiel: Ich arbeite ganz konzentriert bei meinen Hausaufgaben … Zu Hause gibt es weniger Ärger und Streit …

konkret:

Schreibe auf, was du *konkret tust,* wenn du dein Ziel erreichen willst. Was siehst du in deiner Phantasie?
Beispiel: Ich sehe, wie ich zügig arbeite und eins nach dem anderen erledige.

gefühlsbezogen:

Stelle *körperlich* dar, wie du aussiehst, wenn du das Ziel erreicht hast. Nimm also die Körperhaltung ein, in der du deinen Lernerfolg richtig spürst. Beschreibe dann das *angenehme Gefühl,* das sich einstellt, wenn du dein Ziel darstellst.
Beispiel: Ich spüre in meinem Körper ein freudiges Gefühl, wenn ich an mein Ziel denke.

Toni hat Schwierigkeiten mit den Englisch-Vokabeln. Er schiebt das Lernen ständig hinaus, weil es ihm keinen Spaß macht. Er hat das Gefühl, die Vokabel wollen nicht in seinen Kopf hinein. Bei einem Test fallen ihm meist nicht die richtigen Wörter ein.

Toni setzt sich als Ziel, beim Vokabellernen *konzentriert und zuversichtlich* zu sein. Er sieht sich selbst, wie er sein Ziel erreicht. Toni hat es so aufgeschrieben:

> Ich lerne jeden Tag die neuen
> Vokabel. Ganz konzentriert
> sitze ich am Tisch. Die Vo-
> kabel gehen leicht in meinen
> Kopf hinein. Ich kann sie
> mir gut merken. Wenn ich
> gefragt werde, fällt mir so-
> fort das richtige Wort ein.
> Ich bin zuversichtlich, wenn ich
> dieses Ziel vor mir sehe.

Prüfe kurz, ob Toni hier auch die drei Regeln für Trainingsziele beachtet hat: positiv – konkret – gefühlsbezogen.

Schreibe nun selbst ein solches Trainingsziel auf, das du dir für dein Lernen vornehmen willst. Lies erst weiter, wenn du dein Ziel formuliert hast. Vergiß dabei nicht auf die drei Regeln für Trainingsziele!

„Mentales Training" einsetzen

Wenn du für dein Ziel trainieren willst, kannst es nun so machen wie Christine beim Weitspringen. Sie stellt sich im Geist vor, wie sie ihr Ziel erreicht, wie sie anläuft, perfekt abspringt und sicher landet. Sie weiß, wie man es richtig macht. Sie hat es im Training selbst versucht und auch im Fernsehen ihren Vorbildern manches abgeguckt. In ihrer Phantasie sieht sie sich nun, wie sie alles richtig und perfekt macht. Sie genießt das angenehme Gefühl, wenn sie diese positiven Bilder in ihrer Vorstellung ablaufen läßt. Ihre *Vorstellungskraft* hilft ihr, daß auch körperliche Kraft und Geschicklichkeit in ihr wachsen.

Wenn wir uns unsere Ziele geistig (= mental) vorstellen, erreichen wir sie leichter. Vielleicht hast du das schon einmal von Sportlern gehört. Sie trainieren nicht nur auf dem Sportplatz oder in der Turnhalle. Sie trainieren auch in ihrem Geist! Sie setzen oder legen sich entspannt hin und stellen sich ihre idealen Bewegungen in ihrer Phantasie vor.

Die Sportler nennen das *„mentales Training"*, also „geistiges Training". Sie sehen sich die idealen Bewegungen auf Video an, damit sie wissen, wie man es perfekt macht. Dann gehen sie jede einzelne Bewegung auch in ihrer Phantasie durch: Wie sie losstarten, wie sie sich voll einsetzen, wie sie das Ziel erreichen. Körper und Geist arbeiten beim mentalen Training durch die Vorstellungskraft besser zusammen. So steigern die Sportler auch ihre Leistung und erreichen leichter ihr Ziel.

Auch beim Lernen können dir *positive Gedanken und Vorstellungen* helfen. Du läßt dazu Bilder in dir aufsteigen, in denen du *jetzt schon* diese Fähigkeit besitzt. Du siehst dich in deiner Phantasie, wie du dein Ziel anstrebst und es sicher erreichst.

Schauen wir uns das an einem Beispiel an: Eva hat sich als Ziel gesetzt, bei ihren Hausaufgaben ganz *konzentriert zu arbeiten.* Sie schließt ihre Augen und malt sich in ihrer Phantasie diese Vorstellung aus: Eva sieht sich selbst am Arbeitsplatz sitzen. Sie spürt deutlich, wie sie konzentriert arbeitet und sich nicht ablenken läßt. Schritt für Schritt erledigt sie in ihrer Phantasie die Arbeiten. Sie merkt, daß sie es in ihren Gedanken ganz richtig macht. Das angenehme Gefühl des Erfolges durchströmt ihren Körper …

Erwin stellt sich etwas anderes vor. Er will bessere Noten bei mündlichen Prüfungen bekommen. Dazu muß er nicht nur den Stoff einpauken. Er will auch lernen, *sicher und frei zu sprechen.* In seiner Vorstellung sieht er sich in der Schulklasse. Er steht an der Tafel. Ganz sicher und frei erklärt er dem Lehrer etwas. Nichts hemmt und blockiert ihn. In seiner Phantasie gibt er sein Bestes. Ein angenehmes Gefühl durchströmt seinen Körper, als er diese positiven Vorstellungsbilder in sich ablaufen läßt. Seine Vorstellungskraft kann ihm helfen, daß er bei der nächsten Prüfung tatsächlich sicherer und freier spricht.

Versuche das auch einmal: Lies nochmals deinen Zettel mit deinem Ziel durch. Setze oder lege dich dann bequem hin und schließe deine Augen. Laß nun Bilder in deiner Phantasie auftauchen. Du stellst dir vor, daß du *jetzt schon* alle Fähigkeiten besitzt, dein Ziel zu erreichen. Du siehst dich selbst ganz deutlich, wie du alles richtig machst. Du spürst, daß alles leicht und mühelos gelingt. Du malst dir aus, wie du Schritt für Schritt zum Erfolg kommst. Es ist ein angenehmes Gefühl, das diese positiven Gedanken mit sich bringen.

Wenn bei dieser Vorstellungsübung ein negativer Gedanke auftaucht, dann laß ihn einfach vorbeiziehen. Geh wieder zu deinen positiven Bildern und Gedanken. Sieh dich selbst, wie du dein Bestes gibst und dich dem Ziel näherst. Achte auch auf das angenehme Gefühl, das diese Vorstellungsbilder erzeugen. Es hilft dir, daß deine Lernkräfte in dir wachsen und auch in der Wirklichkeit zum Erfolg beitragen.

Versuche es nun einmal mit dem mentalen Training, bevor du weiterliest. Setze oder lege dich hin und male dir dein Ziel in deiner Phantasie aus. Versuche dann auch, dein Ziel körperlich darzustellen: Wie wirst du aussehen, wenn du dein Ziel erreichst? Nimm diese Körperhaltung ein und spüre das Gefühl, das sich dabei in dir ausbreitet.

Echte Ziele setzen

Möglicherweise glaubst du nicht an die Wirkung des mentalen Trainings. Nun, ich meine auch, daß diese positiven Bilder, Gedanken oder Haltungen alleine noch keinen Erfolg bringen. Ohne gezieltes Lernen und Üben geht es sicher nicht. Du darfst dich *nicht selbst betrügen*. Natürlich mußt du dich auch hinsetzen und deine *Lernarbeit gründlich erledigen*. Phantasie alleine genügt nicht!

Aber ich bin überzeugt, daß dieses positive Denken besser ist als negative Grübelei. Wer ständig an sich selbst zweifelt und sich mit „Schwarzmalerei" abgibt, programmiert sich selbst auf Mißerfolg. Wenn du hingegen eine „rosarote Brille" aufsetzt, ermunterst du dich selbst. Du wirst merken, daß du mit *positiven Gedanken* eine positivere Einstellung zum Lernen bekommst.

Wähle allerdings immer ein *erreichbares Ziel*. Es hätte für Christine keinen Sinn, sich gleich um 20 oder 30 Zentimeter im Weitsprung verbessern zu wollen. Das ist kein sehr realistisches Ziel. Sie kann sich nur schrittweise im Weitspringen verbessern. 10 Zentimeter wird sie mit Training und persönlicher Anstrengung erreichen. Ähnlich ist es bei deinen Lernzielen. Überfordere und überschätze dich nicht selbst! Lege deine Latte nicht zu hoch. Du mußt nicht der Beste sein. *Es genügt, wenn du dein Bestes gibst!*

Es ist wichtig, daß du deine Möglichkeiten und Grenzen klar siehst. Wenn du dir deine Ziele zu niedrig steckst, wirst du kaum ein Erfolgsgefühl haben. Wenn du sie zu hoch steckst, fühlst du dich wahrscheinlich bald überfordert. Setze deine Ziele gerade so hoch, daß du ein *persönliches Erfolgsgefühl* dabei hast. Vergleiche dich nicht mit deinen Mitschülern! Lerne vielmehr, *deine eigene, persönliche Leistung* zu steigern. Wenn du dir deine Leistung deutlich vorstellst und an dich selbst glaubst, wirst du deine Ziele leichter erreichen.

Ein Vorbild beobachten

Überdies mußt du auch wissen, *wie du dein Ziel erreichen kannst*. Die Sportler haben dazu ihren Trainer, der ihnen Tips gibt oder ihnen Video-Aufzeichnungen von idealen Bewegungen zeigt. Du solltest deine Lehrer oder Eltern befragen, was du ganz konkret tun kannst, um deine Ziele zu erreichen. Vielleicht kannst du aber auch jemanden beobachten, der das Ziel bereits erreicht hat. Wie verhält sich diese Person? Was tut sie? Was kannst du von ihr lernen?

Persönliche Ziele wählen

Schließlich noch ein Hinweis: Wähle ein Ziel, das wirklich deinen inneren Wünschen entspricht. Du mußt *persönlich überzeugt* sein, daß du dieses Ziel erreichen möchtest.

Viele Schüler lassen sich nur von den Vorstellungen der Eltern oder Lehrer leiten. Ich glaube aber, daß du selbst lernen mußt, dir *deine Ziele allmählich immer selbständiger zu setzen.* Ich nehme nicht an, daß Christine für ihr Ziel im Weitsprung nur deswegen trainiert, weil es der Wunsch der Eltern oder der Lehrer ist. Wenn es so wäre, würde sie sicher nicht besonders glücklich darüber sein. Ich hoffe vielmehr, daß ihr ihre Eltern herauszufinden helfen, was sie selbst möchte.

Du wirst auch nur dann Erfolg haben, wenn dir dein Ziel *persönlich wichtig* ist. Prüfe dich *echt und ehrlich,* ob du dieses Ziel wirklich erreichen willst. Wenn dir das Ziel etwas wert ist, wirst du auch versuchen, dein Bestes zu geben. Stelle dir ganz genau vor, wie du das machst. Diese positiven Vorstellungsbilder werden dir eine Hilfe sein, dein Ziel leichter zu erreichen.

*Positive Zielvorstellung
Kassette, Seite A, Nr. 4 oder Anhang, S. 124*

Trainingsziel 6: Sich Ziele vorstellen

Wenn ich ein persönliches Lernziel erreichen möchte, so hilft mir dabei meine Vorstellungskraft:
— Ich formuliere konkret, was ich tun muß, um mein Ziel zu erreichen.
— Ich schreibe so, als ob ich bereits jetzt alle Fähigkeiten besitze, um mein Ziel zu erreichen.
— Ich stelle mir in meiner Phantasie ganz deutlich vor, wie ich mein Bestes gebe, um das Ziel zu erreichen.
— Ich stelle körperlich dar, wie es ist, wenn ich mein Ziel erreicht habe.
— Ich spüre dabei das angenehme Gefühl, das diese Vorstellungsbilder in mir auslösen.
— Ich weiß, daß mir diese Bilder, Haltungen und Gefühle helfen, meine Ziele zu erreichen.

3. „Alle Kräfte einsetzen"

Nach den Aufwärmübungen und Startvorbereitungen geht es nun richtig los. Die Sportler setzen alle ihre Kräfte ein, um zum Erfolg zu kommen. Schauen wir uns das einmal bei den Fußballspielern an.

Herwig ist Mittelstürmer in der Schülermannschaft. Er ist bekannt für sein schnelles Lauftempo. Aber Herwig weiß auch, daß „Beinarbeit" allein noch keinen guten Fußballer ausmacht. Einfach wild drauflos zu stürmen bringt nichts. Er muß alle seine Kräfte geschickt einsetzen. Da kommt es auch auf „Kopfarbeit" an – nicht nur bei einem Kopfball, sondern auch beim Überblick über das gesamte Spielgeschehen. Er muß die Pfiffe des Schiedsrichters hören und zum richtigen Zeitpunkt das Richtige tun. Auch „Ballgefühl" gehört zum Fußballspielen und ist ebenso wichtig wie Ausdauer, Muskelkraft und Verstand.

Ähnlich ist es beim Lernen. Einfach „wild drauflos büffeln" bringt nichts. Wir müssen unsere gesamten Kräfte richtig nützen. Das *Sehen* ist beim Lernen ebenso hilfreich wie das *Hören* oder das körperliche *Handeln*. Unser Gehirn arbeitet nämlich nicht nur „logisch", sondern auch „sinnlich". Das heißt: Wenn wir beim Lernen unsere *Sinne einsetzen,* verknüpfen wir die Inhalte besser im Gehirn. Manche Schüler lernen zum Beispiel lieber, wenn sie zum Lernstoff Bilder sehen. Andere tun sich wiederum leichter, wenn sie den Stoff hören oder beim Lernen etwas mit ihren Händen oder mit dem ganzen Körper tun können. Wir können aber auch *Phantasie und Gefühl* dazu benützen, um das Gelernte besser zu verstehen und tiefer im Gehirn zu „verankern". „Kopf, Herz und Hand" – also *Denken, Fühlen und Tun* – sind beim Lernen wichtig.

Auf welche Weise lernst du am besten? Wenn du dich selbst beobachtest, kannst du feststellen, welcher *Lerntyp* du bist: Bevorzugst du das Sehen, das Hören oder das konkrete Handeln beim Lernen? Oder bist du ein „Mischtyp", der mehrere Lernweisen anwendet? Was für dich typisch ist, solltest du auch als besondere Stärke nützen. Nimm dir kurz Zeit, darüber nachzudenken.

Verlaß dich aber nicht nur auf deine eingespielten Lernmuster. Nütze alle deine Kräfte aus! So wie ein Fernseher mehrere Kanäle zum Empfang hat, so hast auch du verschiedene *Lernkanäle*, um den Lernstoff aufzunehmen. Du kannst über das Sehen, das Hören oder die körperliche Bewegung Informationen empfangen und speichern. Jedesmal gelangt der Lernstoff dabei über einen anderen Kanal in dein Gehirn. Wir sollten diese *Lernkanäle vielfältig benützen* und gleichzeitig auch Phantasie und Gefühl beim Lernen einbeziehen. Was du im einzelnen tun kannst, zeigen dir die folgenden Abschnitte.

3.1 Lernkanal „Sehen"
„... den Überblick behalten."

Für einen Fußballer sind die Augen so wichtig wie seine Beine. Er muß ständig einen Überblick über das Spielgeschehen haben, um seine Chancen richtig nutzen zu können. „Mache dir ein Bild von der Lage", sagt der Trainer, „und behalte alles im Auge".

Ähnliches rät dir dein Lerntrainer. Wenn du eine Sache „durchschauen" willst, mußt du genau hinschauen. Du wirst etwas besser „einsehen", wenn du es dir genau angesehen hast. Die Sprache verrät dir, daß die *visuelle Wahrnehmung* – also der Lernkanal „Sehen" – für das Verständnis einer Sache sehr wichtig ist. Wir bekommen erst den richtigen „Durchblick", wenn wir genau hingeblickt haben.

Genau schauen

Zunächst helfen dir *Bilder und Zeichnungen*, einen Lernstoff besser zu verstehen und zu behalten. Gewöhne dir an, in deinen Büchern oder Heften alle Bilder und Zeichnungen genau zu betrachten. Laß sie auf dich wirken. Versetze dich auch in sie hinein. Vielleicht kannst du spüren, wie sich das Bild für dich anfühlt. Schmücke auch deine Hefte bunt aus. Male Zeichnungen an oder klebe Bilder ein, sodaß dir alles gleich „ins Auge springt".

Wenn du aber nur einen Text vor dir hast, so hilft auch folgendes: Hebe wichtige Ausdrücke durch *Unterstreichungen* hervor oder male sie mit einem *Leuchtstift* deutlich sichtbar an. Versuche das gleich einmal. Nimm eines deiner Hefte, unterstreiche mit Leuchtstift oder schmücke es mit Farben, Zeichnungen und Bildern aus.

Richtig strukturieren

Günstig ist es natürlich auch, selbst *Skizzen* anzufertigen. Sie helfen dir, eine Sache besser zu „durchschauen".

Du solltest dabei auch üben, deinen Lernstoff übersichtlich anzuordnen und zu gliedern, ihn also richtig zu *strukturieren*. Versuchen wir das gleich einmal. Stelle dir vor, daß ein Biologie-Lehrer folgendes zum Thema „Ernährung" sagt:

„Wie ihr wißt, gibt es verschiedene Grundbausteine der Nahrung. Heute sollt ihr lernen, welche Bausteine in den verschiedenen Nahrungsmitteln enthalten sind.
Fische, Milch oder Hühnerfleisch enthalten vor allem sehr viel Eiweiß. Andere Bausteine in der Nahrung sind die Kohlenhydrate. Diese finden wir beispielsweise in Kartoffeln, Brot oder Zucker. Öl, Speck und Butter enthalten hingegen viele Fette ..."

Wenn du diesen kurzen Vortrag überschaubar machen möchtest, kannst du eine gut strukturierte Übersicht anfertigen. Das sieht dann beispielsweise so aus, wie es Thomas gemacht hat:

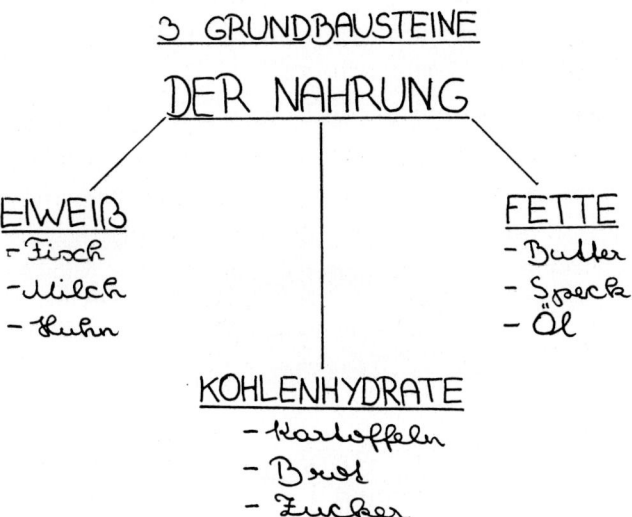

Skizzen anfertigen

Merkst du, daß diese Anordnung und Gliederung den Vortrag des Lehrers übersichtlich und leichter lernbar macht? Ähnliches kannst du auch mit den Mitschriften in deinem Heft tun. Im Geschichte-Heft von Sandra habe ich zum Beispiel folgenden Text über die „Christianisierung der Germanen" gefunden:

„Der Übertritt Chlodwigs zum Christentum war der Beginn der Christianisierung. Mönche aus Irland, Schottland, England – dort ist von Italien ausgehend der Glaube verbreitet worden – zogen durch die Dörfer, predigten, tauften und gründeten Klöster. Vom Reich der Franken aus wurde der Glaube auch immer weiter verbreitet. Für unser Gebiet (in Österreich) hat der Glaubensbote Rupert aus Worms besondere Bedeutung. Auf seinem Missionsweg kam er zum Wallersee, wo er eine Kirche gründete. Um 700 n. Chr. gründete er eine Kirche und ein Kloster in Salzburg …

Bonifatius, der Apostel der Deutschen, wirkte im Gebiet des östlichen Rheins. Er war dorthin vom Papst geschickt worden, nachdem die Missionsarbeit der irisch-schottischen Mönche einen Rückschlag erlitten hatte. Bonifatius war Engländer und hieß vorher Winfried. Sein Bischofsitz war in Mainz, von wo er die Kirche verwaltete. Er hatte immer eine enge Verbindung mit Rom. Er starb 754 n. Chr. den Martyrertod …"

Wenn Sandra diesen Stoff lernt, wird sie sich ohne Zeichnung schwer tun. Wie würdest du diesen Text strukturieren? Versuche es einmal mit einer einfachen Skizze. Vergiß nicht, den Atlas zu benützen! Betrachte erst dann den folgenden Lösungsvorschlag genauer.

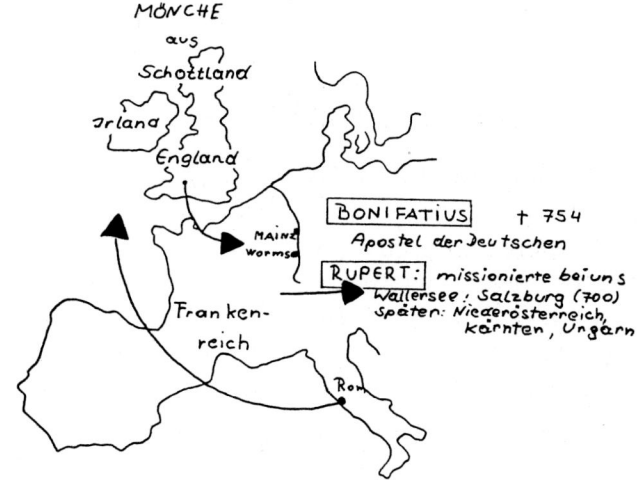

KREIS

Fläche : $r^2 \pi$

Umfang : $2 r \pi$

Sobald du ein unbekanntes Wort liest, solltest du in deinem *Lexikon* nachschauen. Du findest dort meist auch Bilder und Zeichnungen, die dir das Verständnis der Sache erleichtern. Übrigens: Auch das *Fernsehen* kann dir beim Lernen helfen. Es gibt viele gute Sendungen, die dir den Lernstoff in bildhafter Form bringen, z. B. Filme über Naturschönheiten, Länder, historische Ereignisse usw.

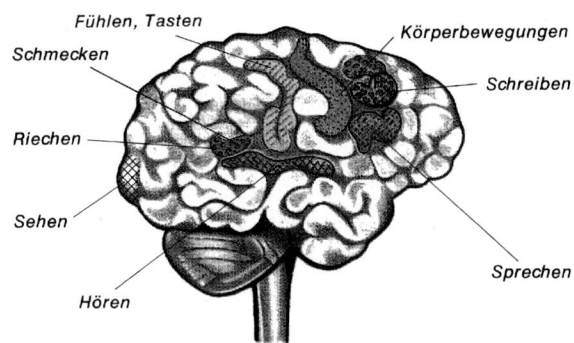

Abb. 39.6   In der Großhirnrinde liegen wichtige Gehirnzentren (Steuerungsfelder).

„Lernplakate" schreiben

Recht nützlich sind auch *Lernplakate*. Wichtige Formeln oder schwierige Wörter wollen oft nicht in unseren Kopf hinein. Schreibe sie dann auf ein Plakat in der Nähe deines Arbeitsplatzes, sodaß du sie immer „vor Augen" hast. Auch selbstklebende *Merkzettel* erfüllen dieselbe Aufgabe. Hefte sie an verschiedenen Stellen in deinem Arbeitsraum an, damit dir die aufgeschriebene Information häufig „in die Augen springt". (Allerdings solltest du diese Plakate oder Zettel öfter wechseln, sonst wirken sie nicht mehr).

„Sich ein Bild machen"

„Ein Bild sagt mehr als tausend Worte", so heißt es im Sprichwort. Dennoch kann man sich auch durch das *Lesen* ein Bild von einer Sache machen. Besonders geeignet sind Lesetexte in sehr bildhafter Sprache. In Geographie kannst du etwa einen Reisebericht lesen, in Geschichte eine historische Erzählung. Nütze zusätzlich Illustrierte und Tageszeitungen für deine Lernarbeit.

„Innere Bilder" erzeugen

Ganz besonders helfen uns auch *innere Bilder* beim Lernen. „Sich ein Bild machen" heißt ja auch, sich an bekannte Bilder zu erinnern oder sich neue Bilder in der *Phantasie* vorzustellen. Wenn du zuhörst oder etwas liest, solltest du dir alles möglichst *bildlich vorstellen*. Male dir in allen Einzelheiten aus, was über Personen, Tiere, Dinge oder Ereignisse ausgesagt wird.

Hier gebe ich dir noch einige Tips, wie du besonders „hartnäckige" Lernstoffe durch den visuellen Lernkanal und innere Bilder einprägen kannst. Auch dein Gefühl zu den Bildern kann dabei eine wichtige Lernhilfe sein.

Wortbilder

Wenn du dir die Schreibung schwieriger Wörter (oder auch Vokabeln) merken sollst, dann können dir innere Bilder sehr nützlich sein. Erprobe dazu die folgenden Lerntips:

— Schreibe das „hartnäckige" Wort in richtiger Schreibweise auf ein Blatt.
— Laß die richtige Schreibweise vor deinem inneren Auge auftauchen. Du wirst dabei merken, daß sich dein Blick dabei etwas nach oben richtet.
— Schau auf dein geistiges Wortbild und buchstabiere es von vorn nach hinten, von hinten nach vorne.
— Stelle dir das Wort in deiner Lieblingsfarbe vor.
— Laß schwierige Stellen vor deinem inneren Auge groß heraustreten. Beispiel: Die beiden „aa" im Wort „Turnsaal" deutlich hervorheben: Turnsaal.
— Verbinde mit der schwierigen Stelle im Wort ein lustiges Bild. Beispiel: Bei „Turnsaal" kannst du dir die beiden „aa" als Ringe vorstellen, die im Turnsaal hängen. Auf den Ringen hängt ein Affe mit beiden Armen.

Bilderketten

Längere Texte – etwa Ansagen, Gedichte, Nacherzählungen – kannst du ebenfalls mit Bildern verbinden, um sie leichter zu behalten:

— Lies den Text in Abschnitten durch (z. B. einen Absatz, eine Strophe).
— Laß vor deinen Augen zu diesem Abschnitt ein passendes Bild auftauchen.
— Lies den nächsten Abschnitt und verbinde das erste Bild mit dem neuen. So kannst du Bild an Bild wie bei einer Kette aneinanderhängen. Diese Bilderkette hilft dir, daß der Text gut in deinem Gedächtnis hält.

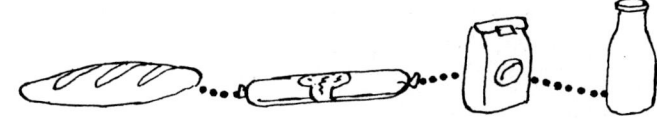

Hier ein Beispiel, wie du dir eine „Einkaufsliste" merken kannst, wenn du etwa Brot, Wurst, Kaffee, Milch usw. kaufen mußt:
Du stellst dir vor, wie du durch das Geschäft gehst. Zuerst legst du Brot in deinen Korb, dann kommst du zur Wurstabteilung und von dort zum Regal mit Kaffee …

Phantasiereisen

Zu einem Lernstoff – etwa aus Geschichte, Biologie, Geographie oder Physik – kannst du dir eine tolle Phantasiegeschichte ausdenken. Durch die Phantasiebilder werden zusätzlich Gehirnzellen in deinem Kopf angeregt, so daß der Merkstoff leichter hängen bleibt.

(3) An Markttagen ging es lebhaft zu.

Der Marktplatz war der wichtigste Platz der Stadt. Er war gesäumt von den schönsten Häusern, die reichen Bürgern oder Zünften gehörten. Den Mittelpunkt bildete das Rathaus. Hier herrschte an Markttagen ein buntes Treiben. Schon zeitig am Morgen kamen die Bauern mit Fuhrwerken, andere mit Handkarren, Kraxen oder Körben. Rinder, Ziegen und Schafe wurden in die Stadt getrieben. Dann wieder sah man Pferde, die vornehm gekleidete Reiter trugen oder vor Kutschen gespannt waren.

An der Stadtmauer boten die Bauern ihre Erzeugnisse zum Kauf an. Am Marktplatz selbst, der den Bürgern der Stadt vorbehalten war, wetteiferten verschiedene Gruppen von Händlern miteinander: Fleischhauer, Bäcker und Fischer boten schreiend ihre frischen Waren an. Sattler, Riemer und Beutler zeigten Lederwaren in vielerlei Formen. Schmiede, Scherenschleifer und Schwertfeger hämmerten und feilten. Gewandschneider und Tuch-

Alter Pranger

macher galten als die Vornehmsten unter den Händlern. Sie besaßen ihre eigene Halle im Erdgeschoß des Rathauses. In dem Gedränge der engen Gassen konnte sich mancherlei Gesindel unter die Menge mischen. Aber Diebe und Betrüger, die man ertappte, hatten nichts zu lachen. Sie wurden dem Richter in der Gerichtslaube des Rathauses vorgeführt und an Ort und Stelle bestraft. Gefährlichen Dieben wurde die Hand abgeschlagen, oder der Büttel führte den Schuldigen zu einer Holzsäule am Marktplatz. Angekettet an Händen und Füßen und sogar am Hals mußte er zum Spott der Menge „am Pranger stehen".

Bei Phantasiereisen zu einem Lernstoff kannst du so vorgehen:

— Lies den Lernstoff aufmerksam durch, betrachte auch Bilder genau, wenn sie im Text vorhanden sind.
— Setze oder lege dich nun bequem hin. Atme etwas tiefer ein und aus. Entspanne dich, so gut es im Moment möglich ist. Schließe dann deine Augen.

— Laß vor deinen geistigen Augen Bilder zu diesem Lernstoff auftauchen. Gehe dabei in deiner Phantasie die wichtigsten „Stationen" des Lernstoffes durch.
— Beobachte genau, was sich in deinem Bild abspielt, wo du selbst bist, was du hören oder gar riechen kannst.
— Laß die Bilder auf dich wirken, spüre auch deinem Gefühl nach, das bei diesen Bildern auftaucht.

Versuche das am nebenstehenden Beispiel aus Geschichte: „Mittelalterliche Stadt". Lege dich dazu bequem und entspannt hin. Laß innere Bilder dazu auftauchen. Du siehst, wie die Menschen zum Markt kommen, ihre Waren anpreisen, jemanden am Pranger verspotten ...

Kannst du diese Geschichte schon beim Lesen vor deinen Augen sehen? Mache es so auch bei anderen Lernstoffen. Wenn du willst, kannst du dich auch selbst in das Bild hineinbegeben. Du kannst dich zum Beispiel bei der obigen Geschichte in einen Bürger oder eine Bürgerin verwandeln und auf dem Markt herumspazieren. Was siehst, hörst oder riechst du dabei? Was kannst du bei diesem Erlebnis fühlen und spüren?

Vorstellungsbilder
Kassette, Seite B, Nr. 1 oder Anhang, S. 125

Trainingsziel 7: Genau schauen

Ich kann den Lernstoff besser behalten, wenn ich ihn deutlich vor meinen Augen habe:
— Ich verbinde den Lernstoff mit Bildern, Zeichnungen oder übersichtlichen Skizzen.
— Ich hebe wichtige Merkstoffe durch Farben und Unterstreichungen hervor.
— Ich schreibe „hartnäckige" Begriffe auf Lernplakate oder Merkzettel.
— Ich verbinde den Lernstoff mit Phantasiebildern und Gefühlen.

3.2 Lernkanal „Hören"
„… von Zurufen anfeuern lassen."

Heute ist Sporttag in der Schule. „Hoppauf! Bravo!" rufen die Mitschüler, als Sandra zum Hochsprung losläuft. Sandra hört die anfeuernden Rufe. Sie spornen sie an, alle ihre Kräfte voll einzusetzen, und … sie schafft es! Sie hat ihre persönliche Bestmarke übersprungen …

Wie beim Sport, so kann uns auch beim Lernen das Hören eine Hilfe sein. Du kennst vielleicht die Redewendung: „Ich bin ganz Ohr". Das bedeutet soviel wie: Ich bin aufmerksam und konzentriert.

Die Ohren spitzen …

Aufmerksames und konzentriertes *Zuhören* ist besonders in der Schule wichtig. Sehr viele Informationen werden direkt von den Lehrern dargeboten, die Schüler sollen sie aufmerksam anhören. Wenn du dabei deine „Ohren spitzt", hast du bereits viel Lernarbeit erledigt.

Allerdings ist das leichter gesagt als getan. Wenn wir einem Vortrag zuhören, lassen wir uns leicht ablenken. Der Lernstoff soll aber nicht „bei einem Ohr hinein und beim anderen hinausgehen". Damit auch etwas in deinem Kopf „hängenbleibt", solltest du die folgenden Tips beachten. Sie können dir das Aufnehmen und Behalten beim Zuhören erleichtern:

Entspannt zuhören:

Entspanne dich beim Zuhören. Öffne dich wie eine Schale, in die der Lernstoff hineinfließen kann. Bleibe dabei nicht an einem Wort hängen, sondern versuche alles aufzunehmen.

Bilder erzeugen:

Verbinde das Gehörte mit inneren Bildern. Stelle dir in allen Einzelheiten vor, was du hier hörst. Laß auch Überschriften und wichtige Wörter vor deinen geistigen Augen auftauchen.

Persönlich lernen:

Verbinde das Gehörte mit dir selbst: Was hat das Thema mit mir zu tun? Wie denke ich darüber? Welche Gefühle habe ich zu diesem Thema?

Fragen stellen:

Verbinde das Gehörte mit Fragen: Was weiß ich schon dazu? Wie hängt das zusammen? Was möchte ich dazu noch wissen? Stelle auch in der Klasse Fragen, wenn du dich nicht auskennst. Lehrer werden dafür bezahlt, daß sie Fragen beantworten!

Notizen machen:

Schreibe Hauptpunkte auf – aber nur Stichwörter, sonst lenkst du dich zu sehr ab. Versuche gleich, eine übersichtliche Form zu finden.

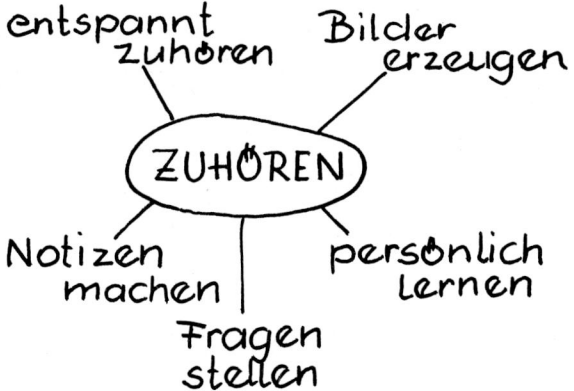

Halblaut lernen

Wenn du zu Hause lernst, so kannst du auch hier den Lernkanal „Hören" einschalten. Lernexperten empfehlen, den Lernstoff *halblaut vorzulesen.* Du hörst dir dabei selbst zu und verankerst auf diese Weise neben dem visuellen Eindruck auch die Töne im Gehirn. Wenn du dabei das *Tonband* einschaltest, kannst du den Stoff später zur Wiederholung nochmals anhören.

Das Tonband ist besonders beim Vokabellernen empfehlenswert. Du sprichst das Wort oder die Redewendung auf Band – läßt eine kleine Pause – und sprichst dann die Übersetzung oder Erklärung.

Rede-wendung	– Pause –	Erklärung oder Übersetzung

Wenn du das Band abhörst, kannst du dich selbst überprüfen. Du hörst das Wort – sagst in der Pause halblaut die Übersetzung – und hörst dann, ob die Lösung richtig war.

Erzählen und reimen …

Günstig ist es auch, den Lernstoff jemandem zu *erzählen* oder sich *abfragen* zu lassen. Du kannst auch einen Mitschüler *abhören* und damit gleichzeitig selbst über den Lernkanal „Hören" wiederholen. Am besten ist es dabei immer, den Lernstoff *mit eigenen Worten* zu wiederholen, um zu prüfen, ob man ihn wirklich verstanden hat.

Viele Lerntrainer empfehlen auch, öfter mit *Rhythmus und Reim* zu arbeiten. Soll man sich beispielsweise die Jahreszahl der Gründung von Rom merken (753 v. Chr.), so gibt es dazu einen bekannten Reim: „Sieben, fünf, drei; Rom kroch aus dem Ei". Solche sogenannten „Eselsbrücken" (die sich jeder

Esel merken kann!) sollten wir für „hartnäckige" Stoffe auch selbst erfinden. Dabei kommt es nicht auf Perfektion an, sondern darauf, daß uns der Spruch „ins Ohr geht".

Hier ist ein Beispiel, das Sandra zu den „Grundbausteinen der Nahrung" aus dem vorhergehenden Abschnitt erfunden hat: „Eiweiß, Kohlenhydrate und Fette, ich gern als Nahrung hätte."

Mit Musik lernen?

Eine Frage taucht im Zusammenhang mit dem Hören immer wieder auf: Sollen Schüler bei Musik lernen? Untersuchungen sagen dazu folgendes: Bei eintönigen Arbeiten oder auch bei kreativer Beschäftigung (wie Zeichnen) kann Musik die Leistung steigern.

Wenn wir uns jedoch konzentrieren müssen – etwa bei einer Mathematikaufgabe –, dann lenkt Musik oft ab. „Harte" Rockmusik dürfte dabei ungünstiger sein als sanfte, meditative Musik. Ganz schlecht ist es, wenn die Musik – etwa wie im Radio – von einem Sprecher unterbrochen wird.

Meditative Musik kann das Lernen allerdings positiv beeinflussen. Sie eignet sich besonders *zur Beruhigung vor der Lernarbeit.*

Beim sogenannten „Superlearning" sitzen die Schüler sogar entspannt in bequemen Sesseln und nehmen den Lernstoff bei klassischer Musik im Hintergrund auf.

Auch auf der Tonkassette zu diesem Buch findest du verschiedene Entspannungsübungen mit Musik, die dir beim Lernen helfen können.

Bewußt hören

Viele Menschen lassen heute Musik als „Berieselung" laufen, sie hören gar nicht mehr richtig hin. Der andauernde Lärm von der Straße trägt ebenfalls dazu bei, daß wir immer mehr das *bewußte Hören* verlernen. Du kannst dein Gehör trainieren, indem du öfter ganz bewußt auf Geräusche in deiner Umwelt achtest. Das beruhigt nicht nur, sondern macht dich auch *aufmerksamer und konzentrierter.*

Du kannst auch deine Augen schließen und *Phantasiegeräusche* auftauchen lassen, etwa das Läuten einer Glocke oder das Krähen eines Hahnes. Es kann auch günstig sein, zu einem Lernstoff Töne und Geräusche oder auch Phantasiegespräche anzuhören, die das Gehörte noch besser im Gehirn verankern.

Versuche die letzten Übungsanregungen gleich durchzuführen. Achte auf laute und leise, ferne und nahe, angenehme und unangenehme Geräusche … Laß auch Phantasiegeräusche auftauchen und übe damit den Lernkanal „Hören".

Trainingsziel 8: Bewußt hören

Wenn ich den Lernkanal „Hören" trainiere, kann ich ihn beim Lernen gut nützen:
— Ich höre entspannt zu und lasse die Worte in mich hineinfließen.
— Ich verbinde mit dem Gehörten innere Bilder, persönliche Gedanken oder wichtige Fragen.
— Ich höre den Lernstoff auf vielfältige Weise an: durch halblautes Lesen, durch freies Erzählen, durch gegenseitiges Abfragen oder durch witzige Reime.
— Ich setze Musik vor allem zur Entspannung vor dem Lernen oder in Pausen ein.
— Ich achte bewußt auf Geräusche in meiner Umgebung und verbinde den Lernstoff mit Phantasiegeräuschen.

3.3 Lernkanal „Handeln" „… Bewegungsgefühl einsetzen."

„Die hat das richtige Bewegungsgefühl", sagt die Turnlehrerin, als sie Sonja beim Volleyballspielen zusieht. Nicht nur ihre Hände sind voll im Einsatz, sondern ihr ganzer Körper ist aktiv beteiligt. Geschickt läuft sie ein paar Schritte zurück, erreicht den Ball und spielt ihn sicher einer Mitspielerin zu. Auf diese Weise baut sie klug das Spiel ihrer Mannschaft auf.

Nun, auch das Lernen erfordert Klugheit. Aber wir brauchen dazu mehr als nur unseren Kopf. Unser ganzer Körper ist beim Lernen wichtig. Wir „begreifen" etwas besser, wenn wir es auch mit unseren Händen angreifen können. Ein Lernstoff wird besser „erfaßt", wenn wir ihn anfassen können. In der ersten Klasse hast du vielleicht selbst mit den Fingern beider Hände gerechnet. Du hast auf diese Weise die Zahlen besser „in Griff" bekommen. Du hörst hier heraus, daß das Lernen besonders viel mit der Hand zu tun hat.

Aber nicht nur die Hand ist beim Lernen wichtig. Alle menschlichen Sinne sind beim Lernen hilfreich und zeigen uns den „Sinn" einer Sache auf. In diesem Abschnitt möchte ich dir zeigen, wie körperliche *Bewegung* und praktisches *Handeln* beim Lernen nützlich sind. Darüber hinaus werde ich betonen, daß wir alle *Sinne* und auch unser *Gefühl* beim Lernen berücksichtigen sollen. Es geht also darum, beim Lernen möglichst *aktiv* zu sein.

Aktiv lernen

Aktives Lernen beginnt bereits in der Schule. Gute Lehrer werden dir im Unterricht die Möglichkeit geben, mit dem Lernstoff etwas zu tun. Sie lassen dich zum Beispiel etwas zeichnen, ein Plakat schreiben oder ein Experiment ausführen.

Du kannst aber auch selbst aktiv werden. Wenn du etwa Fragen an den Lehrer stellst oder wichtige Aussagen mitschreibst, wirst du dich später beim Einprägen leichter tun. Wenn du etwas liest, solltest du wichtige Stellen unterstreichen oder dir etwa die folgenden Zeichen an den Rand schreiben:

! wichtig
? unklar
() unwichtig

Versuche auch immer, das Gelesene oder Gehörte *mit eigenen Worten* zu wiederholen. Auf diese Weise setzt du dich wiederum aktiv mit dem Lernstoff auseinander.

Handelnd lernen

Zu Hause kannst du versuchen, möglichst viel von deinem Lernstoff auch „in die

Hand" zu bekommen. Alles, was wir *anfassen und betasten*, vermittelt uns ein deutlicheres Bild von der Sache. Ähnlich ist es, wenn wir etwas *riechen und schmecken* können. Manche Lehrer geben dir diese Lernhilfen bereits im Unterricht, etwa, wenn sie in Biologie eine Blüte betasten, beriechen oder zeichnen lassen. Führe diese Tätigkeiten auch zu Hause weiter.

Viele Schüler merken sich etwas besser, wenn sie beim Lernen im Raum *herumgehen* und sich dabei den Stoff einprägen. Andere brauchen auch *rhythmische Bewegung*, wenn sie lernen. Sie schaukeln zum Beispiel auf ihrem Sessel oder gestikulieren mit den Händen, wenn sie sich ihren Lernstoff halblaut vorlesen oder ihn mit eigenen Worten vorsagen. Solche Schüler zählen wir zum *motorischen Lerntyp*. Du kannst für dich erproben, wie weit dir solche Lernmethoden eine Hilfe sind.

Beim Rechtschreiben ist es auch günstig, schwierige Wörter mit dem Zeigefinger *in der Luft zu schreiben* oder sie durch *Klopfen* auf den Tisch besonders zu betonen. (Beispiel: Den kurzen Selbstlaut „a" im Wort „Wasser" oder „Hacke" durch Klopfen betonen).

Wo immer es geht, solltest du selbst *forschen, experimentieren oder beobachten*. Du kannst zum Beispiel beim Thema „Wasserdampf" zu Hause beobachten, wie Wasser allmählich zum Sieden kommt und zu verdampfen beginnt. Oder wenn du etwas über das Thema „Mond" lernen sollst, dann kannst du einmal beobachten, wo bei dir zu Hause der Mond zu verschiedenen Zeiten steht.

Spielerisch und kreativ lernen

Vielleicht spricht dich der folgende Lerntip an: Aktiv lernen können wir besonders in *spielerischen Lernformen*. Versuche es etwa mit einem „Lernquiz" aus Geographie oder – wie im folgenden Beispiel – aus Deutsch:

Im folgenden Zeilenrätsel sind lauter ss-Wörter enthalten. Die Anfangsbuchstaben der richtigen Lösung ergeben senkrecht ein Verb mit der Bedeutung „zu".
Achtung: Im Raster ist noch eine Lösungshilfe enthalten! Suche sie !

1 einsam (Anfangsbuchstabe V)
2 Nahrung zu sich nehmen
3 feiner Spalt (Mehrzahl)
4 Wohnhaus der Herrscher (Mehrzahl)
5 Fremdwort für Fahrgestell (Anfangsbuchstaben: CH)
6 nicht mögen
7 Wurfschlinge für Cowboys
8 Pelztier (Anfangsbuchstabe O — ÖWB!)
9 Teil einer Leiter (Mehrzahl)
10 Sitzgelegenheit
11 kleines, modernes Kaffeelokal
12 Schalenfrucht (Mehrzahl)

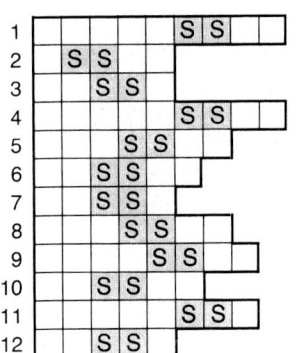

Besonders wirksam sind Rollenspiele. Du kannst zum Beispiel mit einem Klassenkameraden „Einkaufen im Supermarkt" spielen, wenn du englische Vokabel zum Thema „Supermarkt" wiederholen mußt. Oder wie wäre es mit einem Rollenspiel im Fach Geschichte? Versuche einmal, eine historische Person zu spielen, etwa Cäsar oder Napoleon. Was würden sie sagen, wie würden sie sich bewegen? Wie fühlt es sich an, in dieser Rolle zu sein? Probiere es doch gleich ganz kurz aus.

Jede *kreative Gestaltung des Lernstoffes* kann dir helfen, ihn leichter einzuprägen und zu verankern. So kannst du zum Beispiel geeignete Bilder ausschneiden und in dein Heft kleben. Besonders gerne zeichnen Schüler witzige Comics und Sprechblasen, die etwas mit dem Lernstoff zu tun haben. Etwa so, wie hier Wilhelm Busch zum Thema „Napoleon" dessen Sieg bei Austerlitz und Niederlage in der Schlacht von Waterloo darstellt. Versuche das einmal. Du wirst sehen, das macht Spaß, und es bleibt dabei auch viel hängen.

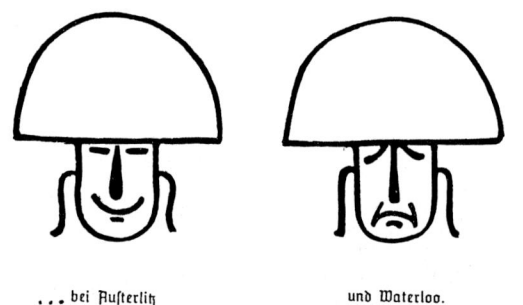

... bei Austerlitz   und Waterloo.

Partnerschaftlich lernen

Wie du hier siehst, kann man auch mit anderen *gemeinsam lernen und üben*. Partnerschaftliche Zusammenarbeit eignet sich besonders dann, wenn du den Lernstoff bereits für dich alleine eingeprägt und durchgearbeitet hast. Zum *Verarbeiten und gegenseitigen Überprüfen* ist das Lernen mit einem Partner oder in der Gruppe sehr wirksam. Allerdings solltet ihr höchstens zu viert sein, damit die Gefahr der gegenseitigen Ablenkung nicht zu groß wird.

Sehr nützlich ist es auch, die kommende *Prüfung zu spielen*. Du kannst dich in die Rolle des Lehrers versetzen und dir Fragen ausdenken, die er vermutlich stellen wird. Prüfe dann deinen Freund oder deine Freundin so, wie das in der Schule immer abläuft. Vertauscht anschließend die Rollen. Auf diese Weise wiederholt ihr nicht nur den Stoff auf aktive Weise, sondern macht euch auch mit der Prüfungssituation vertraut.

Einsichtig und vernetzt lernen

Bei diesen aktiven Lernformen zwingst du dich auch, den Lernstoff mit Einsicht zu lernen. Man kann nur etwas spielen oder erklären, wenn man es auch wirklich verstanden hat. *Einsicht und Verständnis* helfen dir, eine Sache längerfristig zu behalten. Bloß mechanisches Auswendiglernen bringt dir wenig!

Dabei kannst du auch noch ein anderes Lernprinzip verwirklichen, das wir *vernetztes Lernen* bezeichnen. Dabei geht es darum, immer wieder Querverbindungen zu anderen Lernstoffen herzustellen. Die Wissensinhalte werden dabei im Gehirn wie bei einem Netz verknüpft. Wenn du beispielsweise Geographie lernst, kannst du deine Geschichte-, Biologie- oder Deutschkenntnisse damit verknüpfen: „Wie sieht die Landschaft dort aus?" „Welche Tiere und Pflanzen könnten dort leben?" „Weiß ich vielleicht, was sich im Laufe der Geschichte in diesem Land abgespielt hat?" „Kenne ich einen berühmten Dichter aus diesem Land?" ...

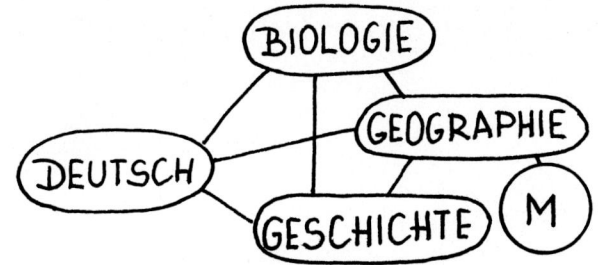

Versuche einige dieser Lernprinzipien gleich jetzt anzuwenden. Wiederhole dieses Kapitel mit eigenen Worten. Versuche einige Inhalte daraus in spielerischer Form darzustellen.

Erkläre einem Partner, was du hier gelesen hast. Und zum Abschluß: Versuche herauszufinden, welche Lerngesetze aus den früheren Kapiteln bereits das aktive, handelnde Lernen betont haben.

Viel Spaß dabei.

Trainingsziel 9: Aktiv handeln

Der Lernkanal „Handeln" hilft mir, einen Stoff besser zu „begreifen" und zu „erfassen":
— Ich nehme den Lernstoff bereits in der Schule aktiv auf, etwa durch Mitschreiben, Skizzieren oder durch Fragen.
— Ich verbinde den Lernstoff mit Bewegungen oder versuche, möglichst alles anzufassen und mit allen Sinnen aufzunehmen.
— Ich stelle den Lernstoff spielerisch und kreativ dar, etwa durch Rätsel, Rollenspiele, Bilder oder Comics.
— Ich versuche partnerschaftlich zu lernen, indem ich den Stoff mit anderen gemeinsam wiederhole.
— Ich lerne mit Einsicht, verknüpfe Gelerntes miteinander und vermeide mechanisches Auswendiglernen.

4. „Sich dem Ziel nähern"

Gerhard ist seit einiger Zeit bei einem Rad-fahrclub. Wenn er ein Trainingsrennen mit-fährt, setzt er alle seine Kräfte voll ein. Aber er weiß, daß er sich nicht gleich verausgaben darf, wenn er das Ziel erreichen will. Er zieht nicht sofort „mit Volldampf" los, son-dern teilt sich die Etappe planvoll ein: Am Anfang geht es noch recht locker zu, er muß sich erst richtig aufwärmen. Nun merkt er aber, daß er etwas zurückfällt. Er legt einen „Zwischenspurt" ein, um den Anschluß an die Gruppe nicht zu verlieren. Als er sieht, daß er noch in der richtigen Zeit liegt, schal-tet er eine „Verschnaufpause" ein und nimmt während des Fahrens ein Vitamingetränk zur Stärkung. Kurz vor dem Ziel hat er dann noch genügend Kraft, um zum Endspurt anzusetzen. Mit voller Kraft tritt er in die Pedale – und ist im Ziel!

Wiederum ist es beim Lernen so ähnlich. Ohne Plan „ins Rennen zu gehen" ist nicht recht sinnvoll. Du mußt deine Kräfte gezielt einteilen und deine Lernabschnitte oder *„Lernetappen" richtig aufteilen.* Um bis zum Ende genügend Kraft zu haben, mußt du zwischendurch kurze *Pausen einschalten* sowie laufend *kontrollieren,* ob du noch bei der Sache bist. So wirst du dich sicher dei-nem Ziel nähern.

4.1 Lernetappen: „... die Kräfte gezielt einteilen."

Gerhard beobachtet interessiert, wie sich seine älteren Clubkameraden auf die große Radrundfahrt vorbereiten. Vor dem Rennen studieren sie genau, wie lange die einzelnen Streckenabschnitte (Etappen) sind. Sie schauen auf der Straßenkarte nach, wo es schwierige Bergstrecken zu meistern gibt. Sie müssen sich ihre Kräfte einteilen, wenn sie bis zum Schluß durchhalten wollen.

Auch beim Lernen ist es wichtig, die einzel-nen Abschnitte oder Etappen vorher gezielt festzulegen. Du fragst dich zunächst einmal: „Was habe ich heute alles zu tun? Welche Aufgaben sind zu erledigen? Wieviel Zeit werde ich dafür brauchen?"

Lernaufgaben einteilen

Am besten ist es nun, wenn du jede deiner Hausaufgaben oder sonstigen Lernarbeiten auf kleine Zettel schreibst. Jeder Zettel ent-spricht einer „Lernetappe". Größere „Etap-pen" teilst du dir in zwei oder drei Teilstücke auf. Es ist nämlich günstiger, nicht zu viel vom selben Lernstoff auf einmal zu lernen.

Notiere auch, wieviel Zeit du schätzungsweise für jede „Etappe" brauchen wirst. Hier siehst du drei solche Lernetappen auf je einem Zettel:

> Geschichte:
> Zeichnung
> aus dem Buch
> ca. 10 min.

> Englisch:
> Vokabel
> lernen
> ca. 10 min.

> Englisch:
> Sätze
> schreiben
> ca. 15 min.

Worin liegt der Vorteil solcher Zettel? Nun, du hast auf diese Weise jeweils überschaubare Schritte vor dir. *Kleine Schritte motivieren* eher zum Lernen als „große Brocken". Ist eine „Etappe" erledigt, so wirfst du den Zettel in den Papierkorb. Du spürst deutlich: „Die Arbeit wird weniger, ich nähere mich Schritt für Schritt meinem Ziel. Das motiviert mich zum Weiterlernen."

Kleine „Portionen" sind auch für das Gehirn „verdaulicher". Dein Gehirn kann nämlich nur eine begrenzte Menge Lernstoff in einer bestimmten Zeit aufnehmen. Es ist daher günstiger, die Lernaufgaben *aufzuteilen* und dabei die *Lernstoffe abzuwechseln,* um das Einprägen zu erleichtern.

Die Zettel helfen dir auch bei der *Zeitplanung.* Du übst dabei, deine Lernzeit einzuschätzen und sinnvoll aufzuteilen. Du solltest dich immer selbst überprüfen, ob du in der „richtigen Zeit liegst". Besprich einmal in der Schule, wie lange ihr durchschnittlich bei einer Aufgabe sitzt.

Du kannst diesen Lerntip gleich ausprobieren. Notiere deine heutigen Lernaufgaben auf kleine „Etappenzettel" und hänge sie auf deine Pinwand. Wenn du eine „Lernportion" oder „Lernetappe" erledigt hast, wirfst du mit Genuß den Zettel weg. Überprüfe dich dann auch, ob deine Zeitschätzung stimmt.

Lernaufgaben richtig reihen

Wenn du deine Aufgaben-Zettel auf die Pinwand hängst, solltest du allerdings einige Regeln deines Lerntrainers beachten:

— Eine leichte Aufgabe an den Anfang stellen. Sie dient zum *Aufwärmen,* damit du dich auf das Lernen einstellen kannst. Du hast dann gleich einen ersten Erfolg, der dich „aufbaut".

— Zwischen mündlichen und schriftlichen Aufgaben abwechseln. *Abwechslung* bringt mehr Lernfreude und bessere Lernleistungen.

— Zwischen den einzelnen Fächern abwechseln. *Ähnliche Fächer und Lernstoffe nicht hintereinander lernen,* weil sie einander beim Einprägen behindern. (Ähnliche Fächer sind etwa die Sprachenfächer „Englisch" und „Latein" oder die Realienfächer „Geographie" und „Geschichte").

— Kurze *Rastpausen* zwischen den einzelnen Lernetappen einschalten. (Über Sinn von Pausen und der Abwechslung der Fächer erfährst du im nächsten Abschnitt noch mehr).

— Die persönlich *günstigste Lernzeit* finden, in der man optimal aufnahmefähig ist. Nach dem Mittagessen und am Abend ist das meist nicht der Fall.

— Eine *schwierigere Aufgabe als Endspurt* wählen, weil vor dem nahen Ende die Leistung nochmals ansteigt.

— Auf *genügend Freizeit* neben der Lernzeit achten!

Das Lernen planen

Wie eine sinnvolle Lernplanung für einen Nachmittag aussehen kann, das erklärt dir jetzt unser „Etappen-Spezialist" Gerhard:

Geschichte: Zeichnung anmalen: 10 min

„Ich beginne mit einer leichten *Aufwärmübung*, die angenehm ist und nicht zu lange dauert. Sie stellt mich auf das Lernen ein und bringt ein erstes Erfolgserlebnis.

Englisch: Vokabel 10 min

Nach dem Zeichnen folgt eine mündliche Arbeit. Es ist nämlich günstig, *mündliche und schriftliche* Arbeiten *abzuwechseln*.

PAUSE: 5 min

Nach etwa 20 Minuten Arbeit habe ich mir eine *kurze Pause* verdient. Pausen helfen gegen Ermüdung und fördern das „Verdauen" des Lernstoffes.

Mathematik: Buch Nr. 21 a) 20 min

Ich lasse jetzt auf das Sprachfach ein mehr „technisches" Fach folgen. Diese *Abwechslung der Fächer* ist für das Einprägen günstiger. Ähnliche Lernstoffe stören einander im Gehirn.

PAUSE: 5 min

Nach 20 Minuten Arbeit ist wieder eine Kurzpause nötig. Ich esse zur *Belohnung* einen Apfel.

Geschichte: Wiederholung 10 min

Jetzt baue ich wiederum eine *Abwechslung* ein. Es kommt ein anderes Fach, außerdem wird von schriftlicher auf mündliche Arbeit gewechselt.

Englisch: Sätze schreiben 10 min

Als *Endspurt* plane ich noch eine *schwierige Arbeit* ein. Ich weiß, daß ich kurz vor dem Ziel noch besonders leistungsfähig bin.

FREIZEIT

So, dann werde ich aber am *Ziel* sein. Jetzt kann ich meine Freizeit genießen.

Versuche selbst einmal eine Verteilung deiner „Lernetappen" nach diesen Regeln. Berate dich am besten mit deinen Lehrern, wie deine Lernaufgaben am besten aufgeteilt werden können.

Lernzeit einteilen

Welche *Lernzeiten für dich am günstigsten* sind, mußt du selbst herausfinden. Jeder Mensch ist zu einer bestimmten Zeit am leistungsfähigsten. Manche sind „Morgenmenschen", die schon in der Früh geistig fit sind; andere werden erst am Abend so richtig munter und können bis in die Nacht hinein lernen. Einige wollen nach der Schule sofort ihre Aufgaben erledigen, damit sie dann Ruhe haben; andere hingegen brauchen zuerst einmal Zeit, sich auszutoben, ehe sie mit der Lernarbeit beginnen.

Die Lernpsychologie gibt uns allerdings einige *Hinweise für richtige Lernzeiten*, die du selbst überprüfen solltest:

— Möglichst nicht nach dem Essen lernen: „Ein voller Bauch studiert nicht gern!"

— Am besten am Nachmittag zwischen 16.00 und 18.00Uhr lernen; in dieser Zeit haben die meisten Menschen ein „Leistungshoch".
— Am Abend „hartnäckige" Stoffe kurz vor dem Schlafengehen wiederholen.
— In der Früh kurz wiederholen – falls notwendig –, jedoch nicht unbedingt Neues beginnen.
— In der Schule nicht unmittelbar vor einer Prüfung lernen; dies führt nur zu unnötigen Gedächtnishemmungen.
— Insgesamt auf genügend Freizeit achten. Es gibt neben der Schule auch noch andere wichtige Dinge im Leben!

Vergleiche diese Regeln mit deinen Lerngewohnheiten. Ist es sinnvoll, etwas zu verändern?

Trainingsziel 10: Lernetappen reihen

Wenn ich verschiedene Lernaufgaben zu erledigen habe, teile ich sie in übersichtliche Etappen auf und reihe sie planvoll aneinander:
— Ich wähle eine für mich günstige Lernzeit.
— Ich verteile die Lernarbeit auf kleinere Abschnitte und schreibe jede Lernetappe auf einen Zettel.
— Ich stelle eine leichte Aufgabe zum Anwärmen an den Anfang.
— Ich wechsle zwischen den Fächern und Aufgabenstellungen ab.
— Ich plane Pausen zwischen den einzelnen Lernetappen ein.
— Ich freue mich, wenn eine Lernetappe erledigt ist, und werfe mit Genuß den Aufgabenzettel weg.
— Ich kontrolliere mich, ob ich in der richtigen Zeit liege.
— Ich lobe mich für meinen Lerneifer und freue mich, daß ich mich meinem Ziel nähere.

4.2 Lernpausen
„… nicht außer Atem kommen."

Wenn Thomas einen Geländelauf macht, dann legt er immer wieder eine kleine Verschnaufpause ein. Er will nicht außer Atem kommen, sondern sich seine Kräfte gezielt einteilen. Wenn er dann nach Hause kommt, gönnt er sich eine längere Ruhepause. Die hat er sich nun auch verdient!

Auch beim „Denksport" sind Pausen wichtig. Wenn du erfolgreich lernen willst, mußt du deine Kräfte ebenfalls einteilen und dir Zeit zum Ausruhen und Ausspannen gönnen.

Pausenzeit als Lernzeit einplanen

Pausen brauchen wir aber nicht nur, um *neue Kraft zu tanken*. Sie sind auch für das Lernen selbst wichtig. Unser Gehirn braucht nämlich nach dem Lernen noch einige Zeit, bis der Stoff im Gedächtnis eingespeichert ist. Wenn wir ohne Pause sofort etwas Neues dazulernen, wird diese Einspeicherung gestört. Pausen gehören daher zum erfolgreichen *Einprägen und Behalten des Lernstoffes.* Hast du das gewußt: Pausenzeit ist ein Teil der Lernzeit!

Am besten wäre es, nach einer intensiven Lernetappe gar nichts zu tun (oder zu schlafen). Weil das jedoch nicht immer geht, solltest du zumindest kurze Pausen einplanen, in denen das Gelernte genügend Zeit hat, *im Gehirn „verankert"* zu werden.

Nach der Pause planst du am besten ein *Stoffgebiet aus einem ganz anderen Fach* ein. Du weißt schon warum: Ähnliche Lernstoffe hemmen nämlich das Einprägen und

Behalten im Gehirn. Der alte Lernstoff wird durch den neuen gestört, der neue kann nicht richtig aufgenommen werden.

Praktisch bedeutet das zum Beispiel: Auf das Sachkundefach „Geographie" solltest du nicht das recht ähnliche Fach „Geschichte" folgen lassen. Auf „Geographie" paßt besser das Sprachfach „Englisch"; auch „Mathematik" wäre gut möglich. Mit diesen Fächern werden andere Bereiche im Gehirn angesprochen, sodaß der vorhergegangene Geschichte-Stoff sich ohne Störung „setzen" kann.

Verschiedene Pausen einschalten

Aus Versuchen wissen wir, daß mehrere kürzere Pausen günstiger für den Lernerfolg sind als eine längere Pause. Beachte das in deinem Lernplan und baue die folgenden *Arten von Pausen* gezielt ein.

„Verschnaufpause":

Während oder nach einer kleineren „Lernetappe" – also nach etwa 5 bis 10 Minuten – machst du eine kurze *„Verschnaupfpause"*. Sie muß nicht lange sein. Gönne dir hier etwa *eine Minute* Zeit. Du kannst dich freuen, daß du schon wieder ein Stück Arbeit erledigt und einen kleinen Lernfortschritt erzielt hast. Du wirfst deinen Aufgaben-Zettel mit Genuß in den Papierkorb, dehnst und räkelst dich und atmest einige Male tief durch. Prüfe dich dabei, ob du deinen Zeitplan eingehalten hast. Kontrolliere auch, ob du für die Weiterarbeit genügend konzentriert bist.

„Entspannungspause":

Nach etwa 20 bis 30 Minuten Lernarbeit ist eine *„Entspannungspause"* von etwa *5 Minuten* günstig. Du dehnst und streckst dich wieder, sodaß dein Körper „in Form" bleibt. Es ist zu empfehlen, daß du deinen Arbeitsplatz verläßt, etwas herumgehst – und möglichst nichts dabei denkst! Der Lernstoff soll ja in Ruhe eingespeichert werden. Wenn du dich *selbst belohnen* willst, kannst du vielleicht einen Apfel essen oder sonst etwas Angenehmes für dich tun. *Auflockerungs- oder Entspannungsübungen*, wie sie in früheren Kapiteln gezeigt wurden, können dich in dieser Entspannungspause wieder „fit" machen.

„Erholungspause":

Nach etwa einer bis eineinhalb Stunden brauchst du eine längere *„Erholungspause"* von rund *20 Minuten*. (Ich hoffe allerdings, daß du eher selten so lange arbeiten mußt). In dieser längeren Pause rate ich dir, richtig abzuschalten. Vielleicht machst du einige gymnastische Übungen oder läufst einmal um den Häuserblock. Ein anregendes Gespräch mit einem netten Menschen trägt ebenfalls zur Erholung bei. Möglicherweise belohnst du dich mit dem Vorspielen deiner Lieblingsplatte. Auch die Entspannungs- und Vorstellungsübungen auf der Kassette zu diesem Buch können dir Erholung bringen. Auf diese Weise kannst du wieder neue Energien tanken und – falls notwendig – konzentriert weiterarbeiten. Danach hast du dir aber *Freizeit* redlich verdient!

Freizeit sinnvoll gestalten

Das Lernen für die Schule sollte für dich zwar wichtig sein, aber nicht deine ganze Zeit beanspruchen. Wenn wir geistig viel arbeiten, brauchen wir einen Ausgleich, um körperlich und seelisch gesund zu bleiben. Besonders wichtig ist dabei *aktive Freizeitgestaltung*. Passives Sitzen vor dem Fernscher ist zwar bei Schülern sehr beliebt, trägt aber wenig zum sinnvollen Ausgleich bei.

Zu einer aktiven Freizeitgestaltung gehören vor allem Spiel und Sport als Gegengewicht zum einseitigen Sitzen. Sportliche und spielerische Betätigung hält uns auch seelisch gesund und hilft, Streß abzubauen. Auch Hobbies oder Gespräche mit Freundinnen und Freunden schaffen einen Ausgleich zur einseitigen Lernarbeit. Sie bringen dich auf andere Gedanken und zeigen dir, daß es im Leben mehr gibt als nur die Schule!

„Ein gesunder Geist in einem gesunden Körper!" Diese Lebensweisheit kannten bereits die alten Griechen, und sie paßt gut in dieses Kapitel über Freizeit und sportliche Betätigung. Ich füge noch ein anderes Sprichwort dazu: „Essen und Trinken hält Leib und Seele zusammen!" Das bedeutet: Achte auch darauf, dich immer gesund zu ernähren. Vitamin- und eiweißreiche Nahrungsmittel – besonders Milch, Obst und Gemüse – fördern das Lernen mehr als Schokolade oder andere Süßigkeiten. Zum Abschluß noch etwas: Sorge auch für genügend Schlaf, wenn du für das Lernen „fit" sein willst.

So, nun hast du aber eine Menge gelesen. Du hast dir längst eine Pause verdient. Wiederhole allerdings vorher noch ganz kurz, was du dir gemerkt hast. Kurz vor der Pause bist du nämlich etwas leistungsfähiger und kannst dir leichter etwas merken. Du kontrollierst durch das Wiederholen auch selbst deinen Lernfortschritt.

Trainingsziel 11: Pausen einschalten

Wenn ich Pausen zwischen meinen Lernaufgaben einlege, bekomme ich neue Kraft und gebe dem Gehirn Zeit zum Einspeichern:
— Ich schalte häufig kurze Verschnaufpausen ein, in denen ich mich dehne, strecke und tief durchatme.
— Ich lege alle 20 Minuten Entspannungspausen ein, in denen ich mich auflockere und entspanne.
— Ich achte darauf, daß ich nicht ständig „büffeln" muß, sondern auch genügend Erholungs- und Ruhepausen habe.
— Ich gestalte meine Freizeit sinnvoll und sorge für gute Ernährung und ausreichenden Schlaf.

4.3 Lernkontrollen
„... das Ziel anpeilen."

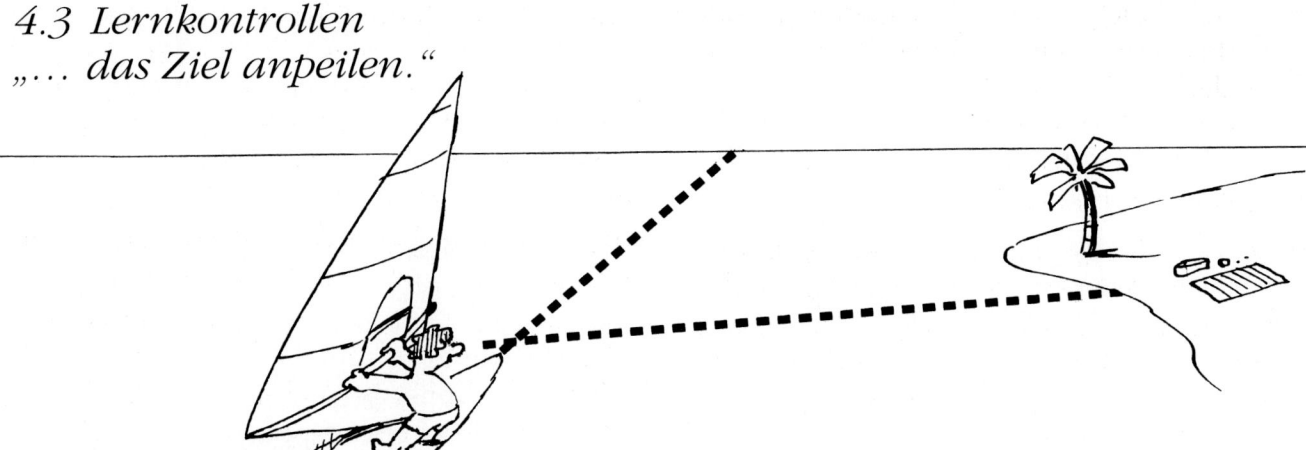

Peter hat im Vorjahr das Windsurfen gelernt. Das ist gar nicht so einfach. Bei seiner Fahrt wird er immer wieder vom Wind abgetrieben. Wenn er einen bestimmten Punkt am Ufer erreichen will, muß er sein Ziel genau anpeilen. Peter kontrolliert daher ständig seinen Kurs. Sobald er davon abweicht, korrigiert er sein Surfbrett. So kommt er sicher an sein Ziel.

Auch beim Lernen ist es günstig, sich immer wieder selbst zu kontrollieren: „Bin ich noch auf dem richtigen „Kurs"? Komme ich so ans Ziel?" Beim Lernen treibt dich zwar kein Wind ab, aber deine Gedanken können nur allzuleicht abschweifen. Du mußt dann auch dein Ziel neu anpeilen.

Sich auf das Lernen besinnen

Frage dich zunächst einmal *vor dem Lernen,* wie du *zielbewußt* an die Sache herangehen kannst. Schalte dazu eine kurze *Besinnungs-* *pause* ein. Überlege dir, was du heute tun wirst, um die *Lernarbeit erfolgreich zu erledigen.* Welche „Tricks" kannst du anwenden, um etwa

— konzentriert zu lernen;
— fehlerfrei zu arbeiten;
— Lernstoffe sicher einzuprägen

Versuche also, deine *eigenen Lerntechniken* zu erforschen. Sehr hilfreich ist es dabei, wenn du dich an einen *früheren Lernerfolg* erinnerst. Schalte dazu eine Besinnungs-pause ein und frage dich: „Wie bin ich vor-gegangen, daß ich damals Erfolg hatte?" Notiere deine persönlichen *Lernstrategien* dann auf einem Zettel. Sie werden dir in Zukunft recht nützlich sein.

Du solltest dich auch *während der Lernarbeit* immer wieder kontrollieren, ob du noch auf das Ziel zusteuerst.

Frage dich vor allem, ob du die wichtigsten *Lerntechniken und Lernregeln* beachtest:

— Ist jetzt eine günstige Lernzeit für mich?
— Habe ich meine Lernetappen richtig eingeteilt?
— Setze ich den richtigen Lernkanal ein?
— Arbeite ich konzentriert?
— Brauche ich eine Pause?

Versuche das doch gleich einmal. Schalte eine kurze Besinnungspause ein: Lehne dich bequem zurück und überprüfe dich selbst, ob du dich jetzt beim Lesen noch konzentrieren kannst und ob du bisher alles verstanden hast.

Innerlich sprechen

Für viele Schüler ist es auch hilfreich, wenn sie sich *selbst innerlich Anweisungen geben*. Wenn du etwa deine Aufgaben planst, kannst du zu dir selbst sagen:

„So, jetzt beginne ich. Ich fange an, ohne zu trödeln. Ich ordne zuerst meinen Arbeitsplatz, damit ich gezielt lernen kann. Ich lockere meinen Körper kurz auf, damit ich mich entspanne. Jetzt teile ich mir meine Arbeit in kleine Lernetappen ein …"

Solche *innerliche Selbstgespräche* kannst du auch zwischendurch führen. Sie können dir bei Problemen weiterhelfen und dich wieder auf den richtigen Kurs bringen. Achte besonders darauf, daß du dich nicht selbst beschimpfst. Vermeide negative Gedanken! Baue dich positiv auf! Hier ein Beispiel:

„Gut, jetzt habe ich schon einige Zeit gearbeitet. Die ersten drei Abschnitte habe ich sorgfältig durchgelesen. Das ist mir gut gelungen. Ich verstehe noch nicht, wie der vierte Abschnitt zu erklären ist. Auch wenn ich hier ein Problem habe, mache ich mir keine Sorgen. Ich wechsle jetzt zur nächsten Lernetappe, weil das günstiger ist, als weiter herumzugrübeln. Nachher schaue ich mir noch einmal den vierten Abschnitt näher an …"

Was könntest du gerade jetzt zu dir sagen? Versuche es einmal und lobe dich auch dafür, daß du bis hierher gelesen hast. Mache dann eine längere „Entspannungspause", bevor du weiterliest.

Fehler sofort korrigieren

Manchmal kann sich bei der Lernarbeit auch ein Fehler einschleichen. Wenn du das bemerkst, solltest du ebenfalls freundlich mit dir umgehen. Merke: Irren ist menschlich!

Wichtig ist allerdings, einen Fehler *sofort zu korrigieren*. Wenn du nämlich beim Einüben Fehler machst, so sind diese schwer auszumerzen. Präge dir nichts Falsches ein! Versuche immer wieder, deine Lernergebnisse zu kontrollieren und Mängel sofort zu beheben.

Vielleicht gibt es für deine Lernkontrolle eine *Lösungshilfe*, etwa im Arbeitsbuch oder im Heft. Du kannst aber auch jemanden bitten, deine Arbeit durchzusehen und dich auf Fehler aufmerksam zu machen.

Wenn du einen Fehler findest, so brauchst du dich nicht zu kränken. Aus deinen Fehlern kannst du ja lernen, wie du es richtig machen sollst. Merke: *Aus Fehlern wird man klug – wenn man sie gezielt verbessert!*

In einigen Fächern kannst du auch eine gezielte *Fehlererhebung* machen. Schau dabei deine Hefte einmal durch. Notiere dann solche Fehler, die häufig vorkommen. Vielleicht bemerkst du, daß du einzelne Wörter immer wieder falsch schreibst oder eine bestimmte Rechnungsart nicht gut beherrschst. Es ist dann günstig, diese „Problemfälle" gezielt zu üben.

Bei der *Erhebung von Rechtschreibfehlern* kannst du beispielsweise diesen *Erhebungsbogen* benützen:

FEHLERQUELLE	BEISPIELE	HÄUFIGKEIT
Zeichensetzung	? ! , . „____" ...	卌 I
Dehnung	„h", „ie" ...	
Schärfung	ck , tz , s-ss-ß ...	II
Verwechslungen	b-p , d-t , e-ä ...	
Silbentrennung	hop=sen	
Groß- u. Klein- schreibung	etwas Gutes	IIII
Flüchtigkeits- fehler und Auslassungen		
Andere Fehler		

Schalte jetzt gleich wieder eine Besinnungspause ein und stelle dir die folgenden Fragen:

— Wo liegen meine Stärken im schulischen Bereich?
— Wo habe ich besondere Schwächen?
— Wo muß ich gezielt trainieren?

Ich rate dir auch, dich *mit deinen Lehrern zu besprechen*, auf welche Fehlerquellen du besonders achten mußt. Erstelle dazu einen ähnlichen Erhebungsbogen, wie er oben für Rechtschreiben abgedruckt ist. Laß dir aber auch von deinen Lehrern sagen, wo deine Stärken liegen und was du gut kannst. Jede *positive Rückmeldung* baut uns nämlich auf und hilft uns, Selbstvertrauen zu entwickeln und damit Probleme leichter zu bewältigen!

Aktiv wiederholen

Wenn du dir einen Lernstoff gründlich einprägen sollst, dann geht das nicht ohne *gezielte Wiederholung*. Gelerntes wird nämlich sehr schnell vergessen, wenn wir es nicht *sofort wiederholen*. Gleich nach dem Einprägen eines Lernstoffes vergessen wir am meisten. Wiederhole daher noch am selben Tag einen Lernstoff ganz kurz, um ihn besser im Gedächtnis zu verankern.

Auf diese Weise vermeidest du auch, daß Lücken in deinem Wissen entstehen. Besonders in Mathematik oder in den Sprachfächern mußt du ständig „am Ball bleiben". Plane daher auch *regelmäßige Wiederholungen* ein, damit du auf dem laufenden bleibst.

Wichtig ist auch das *aktive Wiederholen*. Den Stoff einfach auswendig heruntersagen ist zu wenig. Du mußt beim Wiederholen innerlich dabei sein und das Gelernte *selbständig formulieren*. Stelle dir dazu etwa folgende Fragen:

— Was sind die wichtigsten Überschriften in diesem Stoff?
— Wie könnte ich den Kern der Sache mit eigenen Worten sagen?
— Womit hängt das ganze zusammen?
— Was kommt vorher, nachher?

Damit dir dieses aktive Wiederholen leichter fällt, habe ich dir drei „Wiederholungs-Spiele" aufgeschrieben:

„Wiederholungs-Landkarte"

Bei dieser Übung zeichnest du eine „Landkarte", auf der alle wichtigen Begriffe deines Lernstoffes auftauchen.

— Schreibe die Überschrift deines Lernkapitels in die Mitte eines größeren Blattes und kreise sie ein.

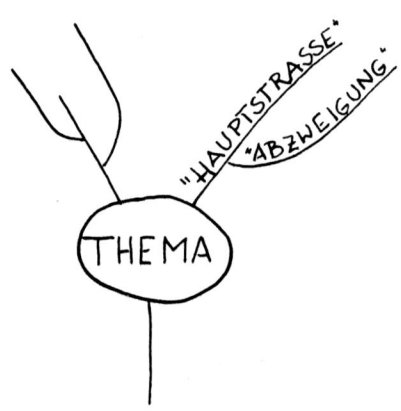

— Schreibe dann alle wichtigen Begriffe auf „Hauptstraßen", weniger Wichtiges auf „Nebenstraßen" oder Abzweigungen. Vergiß auch nicht auf die Verbindungen dieser Straßen untereinander.
— Notiere alles in Blockbuchstaben. Schmücke deine „Landkarte" auch mit passenden Zeichnungen aus.

Ich habe dir auf der nächsten Seite eine solche Landkarte gezeichnet. Du siehst, daß sie eine Wiederholung dieses Abschnittes aus dem Buch darstellt.

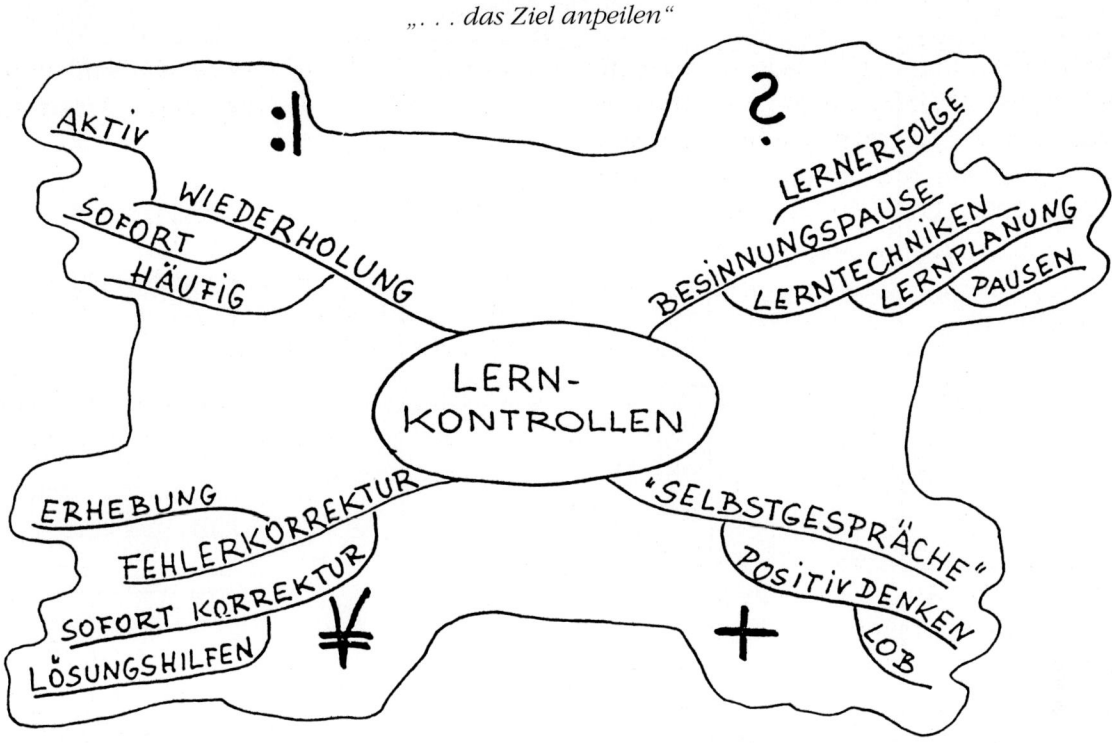

„ABC-Wiederholung"

— Schreibe das ABC untereinander auf einen Zettel.
— Versuche dann, möglichst zu jedem Buchstaben des ABC aus deinem Lerngebiet ein Wort dazuzuschreiben.

Hier ein Beispiel zur Wiederholung von „Lerntips" aus diesem Buch:

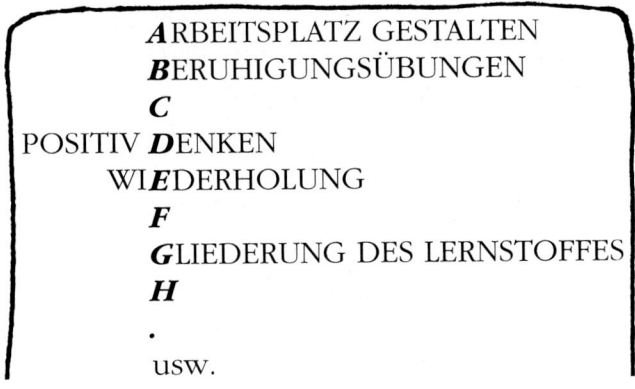

ARBEITSPLATZ GESTALTEN
BERUHIGUNGSÜBUNGEN
C
POSITIV *DENKEN*
WI*E*DERHOLUNG
F
*G*LIEDERUNG DES LERNSTOFFES
H
.
usw.

„Wiederholungs-Kartenspiel"

Die Wiederholung kannst du auch in Form eines Kartenspiels durchführen. Schneide dazu aus Karton kleine Kärtchen aus und schreibe jeweils eine der folgenden Fragen darauf.

Vereinbare mit einem Freund oder einer Freundin ein bestimmtes Lerngebiet. Prüft euch nun gegenseitig mit den Fragen auf diesen Karten. Die Fragen sind dabei so formuliert, daß sie nicht das Auswendiglernen unterstützen, sondern das Verstehen einer Sache.

Was ist das Wichtigste und Bedeutsamste an diesem Thema?	Versuche eine Überschrift und einige Unterpunkte zu nennen.	Wie könnte eine übersichtliche Skizze dazu aussehen?
Nenne zwei Begriffe aus dem Lernstoff, die zusammengehören.	Kommt dieses Thema im Alltag irgendwo vor?	Versuche das Thema mit zwei oder drei Sätzen zu beschreiben.
Was wäre, wenn es diese Sache o. dieses Thema nicht gäbe?	Was sollten alle Menschen über dieses Thema wissen?	Was berührt dich persönlich daran am meisten?
Wie könnte ein Filmtitel/Buchtitel dazu heißen?	Welche leichte Prüfungsfrage würdest du dazu stellen?	Was wäre eine schwere Prüfungsfrage zu diesem Thema?
Wo fühlst du dich in deinem Wissen noch unsicher?	Was kannst du bei diesem Thema besonders gut?	Wie würdest du einem Kind unter 10 Jahren dieses Thema erklären?

Trainingsziel 12: Sich selbst kontrollieren

Beim Lernen kontrolliere ich mich selbst, ob ich mein Ziel im Auge behalten habe oder es neu anpeilen muß:
— Ich überlege, welche Lerntechniken zum Erfolg führen können.
— Ich überprüfe, ob ich noch konzentriert bei meiner Arbeit bin und mich an meine Lernregeln halte.
— Ich sage mir innerlich vor, welche weiteren Schritte für das Lernen notwendig sind.
— Ich kontrolliere meine Arbeit und bessere Fehler sofort aus.
— Ich wiederhole neuen Lernstoff möglichst sofort mit verschiedenen Fragestellungen.

5. „Den Erfolg genießen"

Anna hat es geschafft! Die Hochsprung-Latte wackelt zwar noch ein wenig, aber sie ist oben geblieben. „Bravo", rufen die Zuschauer, „der höchste Sprung des Tages!" „Das hast du gut gemacht", sagt ihr Turnlehrer. „Ja, das ist mir gut gelungen", meint auch Anna voll Stolz und genießt sichtlich den Erfolg.

Halt! Wo bleiben die anderen Hochspringerinnen? Sie haben die Bestmarke nur um wenige Zentimeter verfehlt. Aber sie freuen sich auch. Sandra klopft sich selbst auf die Schulter und sagt: „Bravo, diesmal bin ich um zwei Zentimeter höher gesprungen als im Training." Sie genießt ihren persönlichen Erfolg und sagt zu Birgit: „Komm, dafür haben wir jetzt ein Eis verdient."

Nur Andrea ist ein wenig zerknirscht. Sie fühlt, daß sie noch zu wenig trainiert hat. Beim Absprung klappt es noch nicht besonders. „Nun gut", sagt sie zu sich, „mir sind Fehler passiert. Aber ich selbst bin in Ordnung. Ich werde mich anstrengen und gezielt weitertrainieren. Beim nächsten Mal geht es bestimmt besser. Ich weiß, daß ich es schaffen kann." Sie ist wieder zuversichtlich und geht auch mit den anderen Mädchen Eis essen.

Der Vergleich mit dem Sport zeigt uns hier wieder einiges für das Lernen. Wir können uns *selbst Anerkennung* geben und uns loben, wenn wir eine Sache gut gemacht haben. Wir sollten auch lernen, uns für unseren Lerneifer oder unseren Einsatz eine *Belohnung* zu geben. Auf diese Weise motivieren wir uns für das Weiterlernen. Und wenn uns einmal etwas nicht so gut gelungen ist, dann sollten wir uns nicht gleich abwerten und innerlich beschimpfen. Günstiger ist es, sich einen Fehler offen einzugestehen und in Ruhe eine *Klärung des Problems* zu überlegen.

5.1 Selbstanerkennung
„... sich auf die Schulter klopfen."

Wir finden es ganz selbstverständlich, wenn unsere Sportler nach einem Sieg von allen Seiten Anerkennung bekommen. Auch wenn du einen Lernerfolg nach Hause bringst, wirst du – hoffentlich – von deinen Eltern gelobt. Aber wenn sich jemand selbst lobt, dann nehmen wir ihm das meist übel: „Eigenlob stinkt", sagt eine Redewendung verächtlich.

Sich selbst mögen

Laß dich aber dadurch nicht verunsichern. *Selbstanerkennung* ist ganz wichtig für dein *Selbstwertgefühl*. Wenn du hohe *Selbstachtung* hast, also von dir selbst überzeugt bist, kannst du auch leichter und besser lernen. Wenn du mit dir selbst zufrieden bist, dich selbst magst und anerkennst, geht dir alles viel leichter von der Hand. Hast du das schon einmal an dir selbst beobachtet?

Leider ist es im Alltag oft so, daß uns andere Menschen mehr kritisieren als loben. Wenn wir etwas falsch machen, wird das sofort bemerkt. Positives hingegen wird häufig übersehen; man nimmt es als selbstverständlich hin. Viele Kinder und Jugendliche lernen dann auch nicht, bei sich selbst Positives zu sehen und sich selbst zu mögen.

Nun, du brauchst aber gar nicht immer auf die Anerkennung der anderen zu warten. Wenn du das Gefühl hast, Lob zu verdienen, kannst du dich selbst loben:

„Das habe ich jetzt aber gut gemacht!"
„Ich bin stolz, daß ich das kann."
„Heute bin ich fleißig gewesen."

Wann hast du das letzte Mal einen solchen Satz der Selbstanerkennung zu dir gesagt? Könntest du jetzt ein Lob für dich finden?

Alle Menschen – auch die Erwachsenen – brauchen Anerkennung. Sie ist so etwas wie „Kraftnahrung" für unsere Seele. Leider vergönnen wir uns diese Nahrung oft selbst nicht. Wir gehen häufig unfreundlich mit uns selbst um, kritisieren oder beschimpfen uns innerlich: „Ich bin doch ein Dummkopf!" „Nie bringe ich etwas zustande!"

Wie steht es bei dir mit dem Eigenlob? Fällt dir schon ein positiver Satz über dich selbst ein? Wenn ich an deiner Stelle wäre, wüßte ich bereits, wie ich mich selbst anerkennen könnte:

„Ich habe dieses Kapitel zu lesen begonnen. Ich zeige damit, daß ich mich für Lernregeln interessiere. Ich spüre, daß es gut für mich ist, etwas für meinen Lernerfolg zu tun. Ich bin ein interessierter Schüler. Ich werde weiter trainieren, um dieses gute Gefühl zu behalten."

Könntest du für dich diese Selbstanerkennung und dieses Selbstlob annehmen? Fühlst du dich gut dabei, dir selbst etwas Positives zu sagen? Oder mußt du noch üben, dich selbst mehr zu loben?

Selbstanerkennung formulieren

Du kannst lernen, dir *Selbstanerkennung* zu geben, wenn du auf deinem Weg zum Ziel Erfolg gehabt hast. Beachte dabei die folgenden drei Punkte:

Sofort loben:

Ich lobe mich sofort, wenn ich merke: Das habe ich richtig gemacht – auch wenn es nur ein kleiner Schritt auf dem Weg zum Ziel war. Ich sage ganz konkret, was ich richtig gemacht habe:

„Ich bin stolz auf mich, daß ich heute mutig war. Ich habe mich getraut, meine Lehrerin sofort zu fragen, als ich mich bei einer Rechnung nicht auskannte..."

Den Erfolg fühlen:

Ich nehme mir einige Sekunden Zeit, um den Erfolg wirklich zu empfinden. Ich spüre, wie angenehm sich das Erfolgserlebnis in meinem Körper anfühlt:

„Ich spüre in mir, wie mich der Gedanke an meinen Mut innerlich aufrichtet. Es ist ein angenehmes Gefühl. Ich spüre, wie ich bei diesen Gedanken ganz frei atme ..."

Sich weiter anspornen:

Ich halte mir vor Augen, daß ich wirklich gut bin. Ich ermuntere mich, mein gutes Verhalten beizubehalten, damit ich mich bald wieder so angenehm fühlen kann:

„Ich werde auch in Zukunft fragen, wenn ich mich irgendwo nicht auskenne."

Wenn du deine lobenden Gedanken auf ein Blatt Papier schreibst, übst du dich in Selbstanerkennung. Du kannst deine Erfolgserlebnisse dann auch immer wieder lesen, um dich selbst zu stärken und aufzubauen.

Hier ist ein Beispiel für ein Eigenlob, das Renate geschrieben hat. Sie hat sich vorgenommen, sich am Unterricht häufiger zu beteiligen. In ihrer Selbstanerkennung hat sie dabei an alle drei Punkte gedacht, die ich dir vorhin genannt habe:

> Ich habe mich heute dreimal gemeldet.
> Ich bin stolz, daß ich meinem Ziel nähergekommen bin. Ich freue mich, daß ich es zu Hause erzählen kann. Ich spüre jetzt noch das angenehme Erfolgsgefühl in mir.
> Ich werde mich auch morgen wieder melden.

Kleine Schritte loben

Renate hat sich zwar nur dreimal gemeldet, aber sie schreibt dennoch diese Selbstanerkennung auf. Sie weiß, daß man sich auch bei einem *Teilerfolg* auf die Schulter klopfen sollte. Jeder kleine Schritt zum Ziel ist wichtig und gehört anerkannt.

Auch ein Teilerfolg baut dich auf und gibt dir neue Kraft. Darum mache es wie die Bergsteiger: Sie freuen sich, daß sie mit jedem Schritt dem Gipfel näher kommen.

Genau so ist es beim Lernen: Freue dich über jeden kleinen Schritt! Vielleicht hast du diesmal ohne Trödeln mit deinen Hausaufgaben begonnen. Das ist doch eine Anerkennung wert! Vielleicht kannst du dich auch selbst loben, weil du zwanzig Minuten lang konzentriert gelesen hast?

Lehne dich beim Lernen zwischendurch immer wieder einmal zurück. Schalte eine *Besinnungspause* ein und sage innerlich zu dir: „Ja, jetzt habe ich schon einige Zeit gearbeitet. Ich bin ein Stück vorangekommen. Ich kann mit mir selbst zufrieden sein."

Ein Fortschritt kann für dich auch sein, wenn du dich von einem „Nichtgenügend" auf ein „Genügend" hinaufgearbeitet hast. Das ist doch ein Erfolg, oder nicht? Du könntest dich auch loben, wenn du etwa in einem Diktat statt 15 einmal nur 10 Fehler gemacht hast.

Wenn du dich verbesserst, dann sage nicht: „Das war bloß ein Zufall!" Bedenke, daß du dich dabei auch *angestrengt* hast. Du selbst bist es gewesen, der die Leistung verbessert hat. Sage daher zu dir auch bei einem kleinen Fortschritt: „Ja, ich habe nicht nur Glück gehabt, sondern ich selbst habe es geschafft. Ich habe mich bemüht, und es ist mir gelungen."

Ehrlich zu sich selbst sein

Vielleicht bist du noch ein wenig skeptisch. Nun, ich gebe dir recht. Eigenlob „stinkt" tatsächlich – wenn es nicht ehrlich ist. Es hat keinen Sinn, sich selbst zu belügen. „Ich bin der Größte!" „Das kann ich längst!", solche Sätze zeigen meist *Selbstüberschätzung.*

„Ich kann sowieso nichts." „Ich bin zu allem zu dumm", solche *Selbstabwertung* ist aber auch nicht zielführend. Jeder Mensch kann nämlich irgend etwas, worauf er stolz sein könnte. Versuche also, ehrlich zu dir zu sein, wenn du dich selbst lobst. Vergiß aber nicht, daß wir alle mit kleinen Schritten angefangen haben!

Wenn du dich jetzt noch schwer tust, dich selbst zu loben, so solltest du folgendes bedenken: Viele Schüler haben schon als Kleinkind gelernt, daß man im Leben mehr geschimpft als gelobt wird. Es dauert daher meist auch eine Weile, bis wir umlernen. Du kannst aber heute damit beginnen, dich selbst zu loben. Fang gleich einmal an und schreibe eine Selbstanerkennung auf ein Blatt Papier. Du kannst dir auf alle Fälle auf die Schulter klopfen, weil du bis hierher gelesen hast!

Selbstanerkennung
Kassette, Seite B, Nr. 2 oder Anhang, S. 125

Trainingsziel 13: Sich selbst anerkennen

Wenn ich mich selbst anerkenne und lobe, wächst mein Selbstvertrauen. Ich kann dann auch leichter und besser lernen.
— Ich bin zu mir ehrlich und selbstkritisch, aber auch offen für meine positiven Seiten.
— Ich lobe mich bereits bei einem kleinen Schritt auf dem Weg zu meinem Ziel.
— Ich achte auf das angenehme Gefühl, das sich bei meinem Erfolg einstellt.
— Ich bin stolz auf mich, weil ich auf dem Weg zu meinem Ziel vorangekommen bin.

5.2 Belohnungsstrategien „... den persönlichen Erfolg feiern."

Für die Hochspringerinnen in der Schülermannschaft gibt es nun eine Anerkennung für ihre Anstrengungen. Anna erhält für ihren Sieg einen Pokal. Die anderen bekommen eine schöne Urkunde als Belohnung für ihre Leistung. Die Zuschauer klatschen, alle freuen sich und feiern ihren Erfolg.

Es muß aber nicht immer ein Pokal oder eine Medaille sein, damit sich Sportler belohnt fühlen. Bei den olympischen Spielen gilt schon die Ehre, dabeigewesen zu sein, als eine Belohnung. Viele Hobbysportler trainieren, ohne jemals an einen Wettkampf zu denken. Es macht ihnen einfach Freude, sich zu bewegen und ihre persönliche Leistung zu steigern. Dieses angenehme Gefühl, etwas für sich selbst getan zu haben, ist ihnen Belohnung genug. Das motiviert sie auch zum Weitertrainieren.

Wir können daraus wieder einiges für das Lernen ableiten: Erfolg spornt uns an. Wir spüren: Unsere Anstrengung lohnt sich, hat einen Sinn für uns.

Freude am Lernen entwickeln

Allerdings liegt in der Belohnung auch eine Gefahr: Es könnte sein, daß sie uns wichtiger wird als die Sache selbst. Wer nur mehr lernt, um mehr Taschengeld zu bekommen, hat vom Lernstoff selbst kaum etwas.

Beim Lernen ist es günstiger, wenn uns unsere Anstrengung auch eine *innere Befriedigung* gibt. Wir sind dann froh, wieder etwas dazugelernt und unsere persönlichen Fähigkeiten entwickelt zu haben. „Ich wollte es mir selbst beweisen, daß ich noch zwei Zentimeter mehr schaffe", sagt Sandra nach dem Hochsprung-Wettkampf. Das gibt ihr innere Befriedigung, auch wenn sie nicht Siegerin geworden ist. Gibt es für dich auch beim Lernen etwas, was dich innerlich befriedigt?

Vielleicht hast du im Laufe dieses Trainingsprogrammes schon einmal zu dir gesagt: „Ich habe Freude, daß ich diese Sache nun besser verstehe. Ich bin froh, daß ich meine Fähigkeiten entwickle. Ich bin meinen persönlichen Zielen nähergekommen." In diesem Fall war dir das Lernen selbst schon Belohnung genug.

Diese *Freude am Lernen* kannst du auch verstärken. Versuche bei jedem Lernstoff etwas Interessantes für dich zu finden. Wenn du etwas Sinnvolles daran entdecken kannst, wird dich das weiter für das Lernen stärken. Ich hoffe, du hast gute Lehrer, die dir bei der Suche nach dem Sinn des Lernens durch guten Unterricht helfen.

Belohnungen suchen

Manchmal ist es aber auch recht hilfreich, sich durch *äußere Belohnungen* zu motivieren. Sie geben einen zusätzlichen Anreiz für das Training. Wenn du ein Ziel erreicht hast, kannst du innerlich zu dir sagen: „Ich bin froh, daß ich heute etwas geleistet habe. Ich bin stolz auf mich, weil ich mich angestrengt und mein gestecktes Ziel erreicht habe. Nun habe ich mir eine Belohnung verdient."

Was für dich be-lohnend ist, wirst du selbst am besten wissen. Jeder von uns hat neben den Lernzielen auch noch andere Interessen, die wir als Belohnungen für unsere Lernbemühungen einsetzen können. Hier einige Beispiele dazu:

— Wenn ich dieses Kapitel geschrieben habe, gehe ich in die Sauna (sage ich gerade zu mir selbst – denn ich schwitze für mein Leben gern in der Sauna).

— Wenn ich diesmal bei der Hausaufgabe nicht trödle, kann ich früher mit meinem neuen Computer-Spiel trainieren (sagt Martin zu sich).

— Wenn ich morgen den Test schaffe, kaufe ich mir ein Poster für mein Zimmer (sagt Marianne, und sie setzt sich mit mehr Freude an ihren Arbeitsplatz, um die Vokabel nochmals zu wiederholen).

— Wenn ich diesen Abschnitt des Buches durchgearbeitet habe, dann ... (wie könntest du dich für deine heutige Trainingsarbeit belohnen?)

Als Belohnungen für deinen Lerneifer kannst du also alle *angenehmen Aktivitäten* nehmen, die dir im Alltag Spaß machen: spielen, radfahren, lesen oder faulenzen ...

Manchmal kann es aber auch so sein, daß du gar nicht zum Lernen aufgelegt bist. Du möchtest dich vielleicht viel lieber durch Fernsehen ablenken. In diesem Fall kannst du gerade die *Ablenkung zur Belohnung machen*. Du sagst zu dir: „Gut, ich werde jetzt zwei Abschnitte meiner Aufgaben zügig erledigen, dann belohne ich mich durch Fernsehen."

Teilziele belohnen

Wenn du dieses Kapitel zu Ende gelesen hast, solltest du dir einmal eine Belohnung gönnen. Du hast ein *Teilziel* deines Lern-Trainings erreicht. Ich finde, du hast dir dann eine „Teil-Belohnung" verdient. Es hätte keinen Sinn, sich erst am Ende des Buches zu belohnen. Da könntest du lange warten. Wenn wir ein zu großes Ziel vor Augen haben, verläßt uns leicht der Mut zum Weiterarbeiten. Wenn du aber eine Aufgabe in *Teilabschnitte* zerlegst, dann spürst du rasch: „Es geht gut voran. Schritt für Schritt. Bald habe ich es geschafft und kann mich belohnen." Übrigens: Womit wirst du dich belohnen, wenn du mit diesem Kapitel fertig bist?

Wenn du alle Teilabschnitte einer größeren Arbeit erledigt hast, kannst du dir eine besondere Belohnung ausdenken. Jetzt wird der Erfolg richtig gefeiert! Vielleicht gönnst du dir einmal ein paar Tage „Rastpause" als Belohnung für deinen Lerneinsatz.

Belohnungspunkte vereinbaren

Gregor hat sich einen besonderen Trick ausgedacht, um bei einer längeren Arbeit durchzuhalten. Er hat mit seinen Eltern *Belohnungspunkte* vereinbart. Das funktioniert so:

Gregor nimmt sich vor, sich in Englisch zu verbessern. Er will jeden Tag 10 Minuten lang Vokabel pauken und 10 Minuten im

Buch wiederholen. Als Teilbelohnung malt er jeden Tag einen großen, roten „Belohnungspunkt" in seinen Kalender.

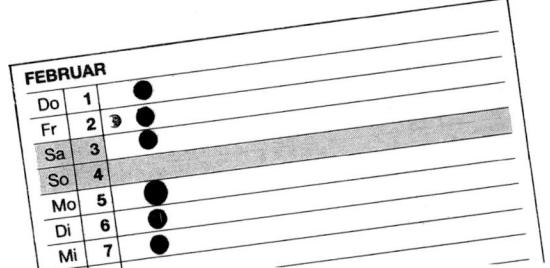

Mit seinen Eltern hat er vereinbart: „Wenn ich 12 Punkte beisammen habe, darf ich ein Wochenende bei meinem Freund verbringen." Gregor sieht jeden Tag auf seinem Kalender, wie die „Belohnungspunkte" mehr werden. Er hat bereits 6 eingetragen, das Wochenende wird ihm wohl sicher sein.

Vielleicht hilft dir diese Anregung, um eine größere Belohnung mit dir selbst oder mit deinen Eltern zu vereinbaren. Hier einige Beispiele dafür, was sich Schüler für mehrere Belohnungspunkte gewünscht haben:

— Mit den Eltern ins Hallenbad oder zum Schifahren gehen.
— Einen Film im Kino ansehen.
— Einen Beitrag zum Taschengeld bekommen, um sich einen Kassetten-Recorder zu kaufen.
— Freunde zu einer Party nach Hause einladen dürfen.
— Sich eine neue Frisur machen lassen …

Natürlich wäre es am besten, wenn dir das Lernen selbst so viel Spaß macht, daß dir das als Belohnung genügt. Aber seien wir ehrlich: Sehr oft brauchen wir auch einen äußeren Ansporn für unseren Fleiß. Dann sind kleine oder größere Belohnungen doch recht hilfreich. Du darfst dir erlauben, diese Belohnung richtig zu genießen.

So, nun hast du ein Teilziel deines Trainingsprogramms geschafft! Du hast dir eine Belohnung ehrlich verdient. Genieße sie richtig!

Trainingsziel 14: Sich belohnen

Wenn ich eine Lernarbeit beendet habe, gebe ich mir selbst eine Belohnung:
— Ich freue mich darüber, daß ich etwas dazugelernt und mich meinem Ziel genähert habe. Das gibt mir innere Befriedigung.
— Ich suche mir etwas Angenehmes als äußere Belohnung für meinen Lerneinsatz.
— Ich belohne mich auch, wenn ich ein Teilziel erreicht habe.
— Ich vereinbare „Belohnungspunkte", die ich gegen eine größere Belohnung eintauschen kann.
— Ich genieße die Belohnung. Sie zeigt mir, daß ich auf dem richtigen Weg zu meinem Ziel bin.

5.3 Problemklärung
„ . . . auf Erfolgskurs bleiben."

Auch die besten Sportler können nicht immer „auf der Erfolgswelle dahinschwimmen". Niemand ist ständig in „Hochform". Jeder kann einmal Fehler machen und seine Ziele verfehlen. Wenn ein Problem auftaucht, muß es allerdings geklärt werden, damit wir auf „Erfolgskurs bleiben".

Andrea hat zum Beispiel das Limit für den Weitsprung nicht geschafft. Soll sie sich nun auf die schlechte Sprungbahn ausreden? Soll sie auf sich selbst wütend sein, weil sie zu wenig trainiert hat? All das wird wahrscheinlich wenig bringen. Sie muß sich mit ihren Fehlern auseinandersetzen, wenn sie weitermachen will. „Aus Fehlern wird man klug", sagt ein Sprichwort. Probleme sind dazu da, um daraus etwas zu lernen.

„Ich habe den Weitsprung-Wettbewerb unterschätzt und das Limit nicht erreicht", sagt Andrea zu sich. „Ich fühle mich jetzt nicht gut, weil ich weiß, daß ich zu wenig trainiert habe. Aber ich will mich nicht beschimpfen. Ich selbst bin in Ordnung, so wie ich bin. Ich spüre, daß ich mein Ziel erreichen kann, wenn ich jede Woche zweimal trainiere. Ich nehme mir dieses Ziel vor und halte auch durch. Ich bin jetzt wieder zuversichtlich und fühle mich viel besser."

Auch in der Schule wird nicht immer alles nach Plan gelingen. Es kann sein, daß du einen Lernstoff nicht verstehst oder auf eine Arbeit eine schlechte Note bekommen hast. Vielleicht hast du auch Ärger mit einem Lehrer oder mit deinen Klassenkameraden. Möglicherweise ärgerst du dich über dich selbst, weil du eine „dumme" Antwort gegeben hast.

Es hat dann keinen Sinn, die Augen davor zu verschließen. Wenn du ein Ziel nicht erreicht oder einen Fehler gemacht hast, wirst du dich nicht gut fühlen. Manche Schülerinnen und Schüler sind dann geneigt, das Problem einfach „wegzustecken". Das löst aber auf Dauer gar nichts. Besser ist es, sich dem Problem zu stellen und etwas Positives herauszuholen. Wie du das machen kannst, zeigen dir die folgenden Hinweise:

Das Problem ansehen und beschreiben

Zunächst ist es wichtig, nicht vor dem Problem davonzulaufen. Blicke ihm in die Augen! Sieh es an und betrachte es ganz genau. Beschreibe also zuerst einmal, worin das Problem überhaupt liegt.

l ich glaube, daß sich Theodor Fontane
l daß er gut nachgedacht hat.
in wenn man die Ballade kennt Denkfehler!
al hat und plötzlich wird du
erleben würde
h so etwas geschieht würde ich

Nicht genügend

„Ich habe auf dieser Schularbeit ein ‚Nicht-genügend'. Ich habe hier einen Denkfehler. Die Lehrerin war auch mit dem Satzbau nicht zufrieden …"

Beschreibe also nur, was du tatsächlich beobachten kannst. Aber beschimpfe dich nicht selbst dabei. Du würdest damit nur an den Problemen hängen bleiben, anstatt sie zu lösen. Sage also nicht: „Bin ich dumm! So was kann auch nur mir passieren! …" Bedenke: Nicht immer kann uns alles perfekt gelingen! Vielleicht hast du auch nur Pech gehabt, oder es waren die Aufgaben tatsächlich zu schwierig.

Entspannen

Wenn wir ein Problem haben, beginnen unsere Gedanken meist um dieses eine Problem zu kreisen: „Hätte ich doch …, wäre ich nur nicht …, zu dumm von mir …" *Grübeln führt jedoch zu nichts!* Ja, es kann sogar geschehen, daß wir das Problem in unseren Gedanken viel größer machen, als es in Wirklichkeit ist. Wir geraten leicht in Panik und finden erst recht keinen Ausweg.

Beruhige dich also zuerst einmal! Sage innerlich zu dir ein *„Stop-Signal"*: „Stop! So will ich jetzt nicht weiterdenken!" *Entspanne dich* und atme ein paarmal kräftig durch. Du wirst sehen, daß deine Gedanken dann gleich viel klarer werden.

Freiraum schaffen

Rücke das Problem ganz bewußt von dir weg. Stelle dir zum Beispiel vor, du packst dein Problem in einen Koffer und stellst ihn in sicherer Entfernung vor dich hin. Du kannst dann zu dir sagen: „Hier stehe ich, und dort steht nun mein Problem. In dieser sicheren Entfernung belastet es mich jetzt nicht mehr so sehr. Ich kann es ruhiger betrachten." Du wirst merken, daß du nun mehr *inneren Freiraum* gewonnen hast. Der Druck läßt nach. Du kannst wieder frei atmen und klarer denken.

Selbstvertrauen aufbauen

Nun mußt du auch dein verlorengangenes *Selbstvertrauen wiedergewinnen.* Du kannst zu dir sagen: „Gut, ich habe hier ein Problem. Ich habe etwas falsch gemacht. Mir ist es nicht gelungen, mein Ziel zu erreichen. *Aber ich selbst bin in Ordnung.* Ich nehme das Problem zum Anlaß, meine Ziele zu überprüfen und Kursabweichungen zu korrigieren."

Halte dir vor Augen, daß du eine *wertvolle Person* bist und bleibst, auch wenn du einen Fehler gemacht hast. Viele Kinder und Jugendliche erfahren leider von ihren Mitmenschen das Gegenteil. Sie haben dann das Gefühl: „Wenn ich einen Fehler mache oder schlechte Noten heimbringe, mag mich niemand mehr." Aber der Wert eines Menschen hängt nie von äußeren Leistungen oder guten Schulnoten ab. *Du bist wertvoll, einfach weil du bist!*

Wenn dir deine Eltern, Lehrer oder Mitschüler nicht vermitteln können, daß du wertvoll bist, dann versuche es selbst. Du kannst zum Beispiel zu dir sagen: „Ich versuche mein Bestes zu geben. Manchmal mache ich dabei auch Fehler. Das ändert aber nichts daran, daß ich in Ordnung und liebenswert bin."

Lösungen auftauchen lassen

Wenn du dich persönlich sicherer fühlst, wird auch das Problem nicht mehr so drohend vor dir stehen. Du hast etwas Abstand gewonnen, sodaß es dich nicht mehr erdrückt.

Nun kannst du an die *Lösung für dein Problem* gehen. Du solltest dabei aber *nicht krampfhaft suchen.* Wenn du innerlich ruhig wirst, tauchen Lösungen meist wie von selbst auf. Immer wieder gibt es einen Ausweg aus einer Sackgasse. Vertraue auf dich! Du hast in dir die Fähigkeit, deine Probleme zu lösen!

Besonders hilfreich ist es, mit jemandem *über die eigenen Probleme zu sprechen.* Wenn dir eine andere Person aufmerksam *zuhört,* dann hilft dir das, eine mögliche Lösung deutlicher zu sehen. Ich wünsche dir Eltern, Lehrer oder Mitschüler, bei denen du dich ganz offen und ehrlich aussprechen kannst.

Lösungen prüfen

Frage dich nun, ob die Antworten und Lösungen auf dein Problem für dich sinnvoll sind. Nicht jede Problemlösung paßt für dich. Wenn du aber in dich selbst hineinhörst, wirst du spüren, ob eine Lösung für dich geeignet ist oder nicht. Jeder Mensch hat in sich so etwas wie ein „Gefühl" oder ein „Gespür", ob eine Lösung für ihn paßt. Vertraue dieser „inneren Stimme"! Sie sagt dir, ob die Problemlösung für dich „stimmt".

Manche Problemlösungen beziehen sich auf *Ziele*. Vielleicht waren sie zu hoch gesteckt. Vielleicht paßt dieses Ziel gar nicht zu dir. Wenn beispielsweise ein Schüler in allen Fächern Schwierigkeiten hat, ergibt es wenig Sinn, wenn er sich nur gute Noten als Ziel gesetzt hat. Sein Gefühl wird ihm sagen, daß er seine Ziele niedriger ansetzen muß. Vielleicht taucht auch folgender Gedanke als Lösung auf: „Ich muß meinen Eltern erklären, daß ich mich überfordert fühle. Ich kann nicht das schaffen, was sie ständig von mir verlangen. Ich bin sicher, daß sie mich verstehen werden."

Andere Problemlösungen beziehen sich mehr auf dein *Verhalten*. Vielleicht hast du dich zu wenig angestrengt, um dein Ziel tatsächlich zu erreichen. Vielleicht warst du nicht mit Konzentration bei der Sache. Eine Schülerin könnte zum Beispiel merken: „Ich hätte täglich eine Wiederholung des Stoffes einplanen sollen. Wenn ich das gemacht hätte, wäre ich sicher ans Ziel gekommen. Ich werde jetzt einen Lernplan erstellen, damit ich regelmäßig jeden Tag übe." Wenn sie innerlich spürt, daß diese Lösung richtig ist, wird sie sich leichter an ihren Plan halten.

Lösungen vorstellen

Wenn du eine Lösung gefunden und geprüft hast, dann frage dich: „Wie wird es sein, wenn ich die Lösung ausgeführt habe?" Stelle dir dieses Ziel deutlich vor. Versuche auch körperlich darzustellen, wie du aussehen wirst, wenn du dein Ziel erreicht hast. Genieße dann dieses angenehme Gefühl, das sich bei dieser äußeren Haltung innerlich einstellt. Wenn du ein deutliches Bild

von deinem Ziel hast, wirst du es auch leichter erreichen. Die Übungen zur „Vorstellungskraft" aus dem Kapitel 2.3 können dir zusätzlich helfen, dir deine Lösung deutlich vor Augen zu halten.

Positive Erinnerungen nützen

Hier noch ein Tip, wie du Problemlösungen leichter verwirklichen kannst. Frage dich zuerst einmal: „Welche Fähigkeit brauche ich heute, um mein Problem zu lösen?" Vielleicht brauchst du Konzentrationsfähigkeit, Sicherheit oder Gelassenheit, um an dein Ziel zu kommen.

Erinnere dich nun an eine frühere Begebenheit, in der du diese *Fähigkeit bereits gehabt* hast. Stelle dir ganz deutlich vor, was du damals getan, gesagt, gefühlt hast. Laß diese *positive Erinnerung* in dir wirken. Sie kann dir helfen, heute deine Probleme leichter zu bewältigen.

Lösungen ausführen

Und nun kannst du, gestärkt mit positiven Gedanken, das Problem zu lösen versuchen. Verschiebe nichts! *Beginne mit einem ersten kleinen Schritt*, möglichst noch am selben Tag. Verschaffe dir damit ein erstes *Erfolgserlebnis*, das dich deinem Ziel näherbringt.

Am Schluß noch ein Hinweis: Die Klärung von Problemen ist nicht immer einfach durchzuführen. Wenn du aber versuchst, diese Tips hier einzuhalten, wird es dir sicher leichter fallen, zu einer sinnvollen Lösung zu kommen. Ich wünsche dir jedenfalls viel Erfolg dabei!

Problemklärung
Kassette, Seite B, Nr. 3 oder Anhang, S. 126

Trainingsziel 15: Probleme klären

Ich kann aus Fehlern und Problemen lernen, wenn ich versuche, sie offen zu klären:
— Ich beschreibe mein Problem genau, ohne mich selbst dabei zu beschimpfen.
— Ich grüble nicht über das Problem nach, sondern beruhige meine Gedanken durch ein „Stop-Signal".
— Ich entspanne mich und stelle das Problem in einem sicheren Abstand vor mich hin, sodaß es mich nicht erdrückt.
— Ich mache mir bewußt, daß ich ein Problem habe, aber daß ich selbst in Ordnung bin, so wie ich bin.
— Ich suche nicht krampfhaft nach Lösungen, sondern lasse sie aus mir auftauchen oder bespreche mich mit jemandem.
— Ich horche in mich hinein, um zu spüren, ob die Lösung wirklich zu mir paßt.
— Ich stelle mir deutlich vor, wie es sein wird, wenn ich das Problem gelöst und mein neues Ziel erreicht habe.
— Ich erinnere mich an frühere Fähigkeiten, die mir heute helfen können, das Problem zu lösen.
— Ich mache möglichst bald den ersten Schritt zur Lösung meines Problems.

6. „Gezielt weitertrainieren"

Unsere jungen Sportler haben nun ihr Ziel erreicht. Alle sind mit sich zufrieden. Sie haben ihr Bestes gegeben und ihre persönlichen Ziele erreicht. Vorerst gönnen sie sich einige Tage Ruhe; die haben sie nun wirklich verdient! Aber bald beginnen sie wieder mit dem Training. „Ich möchte in Form bleiben", sagt Sandra: „Wer rastet, der rostet."

Für das Lernen gilt dasselbe. Wenn wir nicht üben, verlieren wir unsere „Form". Wir vergessen das meiste wieder und geraten leicht in Rückstand. „Übung macht den Meister", heißt es im Sport und auch beim Lernen.

Du erfährst in diesem Kapitel zunächst einmal, wie du für dein Lernen einen „Trainingsplan" erstellen und dich gezielt auf eine *Prüfung vorbereiten* kannst. Weiters bietet dir dein Lerntrainer verschiedene *Lerntechniken* aus seiner „Trickkiste" an. Wenn du dich daran hältst, wirst du *ohne Streß* ins nächste „Rennen" gehen und deine Ziele sicher erreichen.

6.1 Prüfungsvorbereitung „... einen Trainingsplan erstellen."

Wenn unsere Schüler für die kommende Schülermeisterschaft trainieren, dann erstellt ihr Turnlehrer mit ihnen zuerst einen Trainingsplan. Sie besprechen zum Beispiel folgende Fragen: Wieviel Zeit haben wir? Wie werden wir das Training aufteilen? Was müssen wir besonders gut üben?

Für erfolgreiches Lernen brauchst du ebenfalls einen Plan. Wie ein solcher *Lernplan* aussehen kann, erfährst du in diesem Abschnitt.

Terminplan erstellen

Beginne zunächst einmal mit einem *Terminplan*. Die Termine für Schularbeiten, Prüfungen oder Tests werden dir rechtzeitig von deinen Lehrern bekanntgegeben. Notiere sie deutlich im Terminkalender auf deinem Arbeitsplatz.

MÄRZ				
Mi	1	Mathematik – Schularbeit		
Do	2			
Fr	3			
Sa	4	Geschichte – Test		
So	5			
Mo	6			
Di	7	Englisch Schularbeit		
Mi	8	Geographie – Prüfung		
Do	9			
Fr	10			
Sa	11			
So	12			

„Sehr gut, das mit dem Kalender", sagt Michael. „Man sieht sofort den nächsten Termin einer Prüfung." Hast du auch schon einen solchen Terminplan?

Lernstoff aufteilen

Wenn der Termin für eine Prüfung näher rückt, mußt du dir einen *Stoffplan* machen. Es ist nämlich notwendig, daß du *rechtzeitig* zu lernen beginnst. Der Lernstoff sollte *auf mehrere Tage verteilt* werden.

Es bringt nichts, zwei Tage vor einer Prüfung mit dem Lernen zu beginnen. Da bleibt kaum etwas hängen. Außerdem gerätst du leicht unter Zeitdruck und Streß. Wer an 6 Tagen jeweils 2 Seiten lernt, behält mehr im Kopf als jemand, der an 2 Tagen je 6 Seiten in sich hineinstopft. Gehäuftes Lernen bringt nichts. „Auf *verteiltes Lernen* kommt es an!" sagt uns der Lerntrainer.

Verschaffe dir also einen Überblick über den Prüfungsstoff und teile ihn dann in leicht verdauliche *Lernportionen* ein. Notiere für jeden Tag auf deinem Kalender eine Portion, also einen Abschnitt aus dem Heft oder ein Kapitel aus dem Buch.

Februar / März	9. Woche
Montag Gabriel	*Geschichte : Teil 1 Seite 1 - 3*
27 Dienstag Roman	*Geschichte : Teil 2 Seite 4 - 6*
28 Mittwoch Albin	*Geschichte : Teil 3 Seite 7 - 9*
1 Donnerstag Karl	

Die Vergessenskurve beachten

Allerdings genügt es nicht, eine Lernportion nur einmal zu lernen. Aus der Gedächtnisforschung wissen wir, daß wir bei manchen Lernstoffen bereits nach einer halben Stunde die Hälfte des Gelernten schon wieder vergessen haben! Die *Vergessenskurve* saust gerade am Anfang steil hinunter, wie du auf dieser Zeichnung sehen kannst:

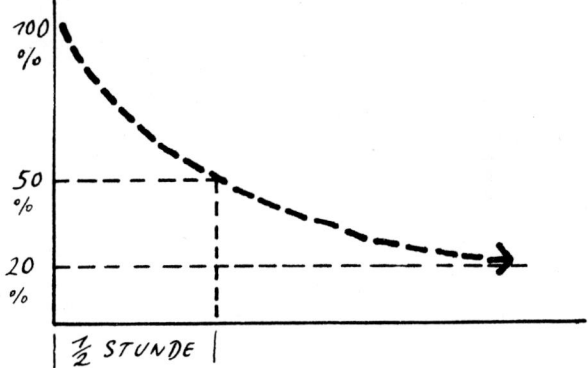

Bei manchen Lernstoffen vergißt man bis zu 80 %, wenn man nicht entsprechend wiederholt! Am Ende bleiben also nur 20 % des Lernstoffes im *Langzeitgedächtnis* gespeichert. Das ist reichlich wenig! Damit würden wir bei einer Prüfung nicht weit kommen. Was ist also zu tun?

Wiederholungen gezielt einplanen

Schon die alten Römer wußten dazu einen Rat: „Repetitio est mater studiorum!" – „Die Wiederholung ist die Mutter des Lernens." Wenn wir einen Lernstoff regelmäßig wiederholen, dann prägen wir ihn tiefer in unser Gehirn ein.

Wenn du einen Lernstoff neu einprägen mußt, so erinnere dich an die Lerngesetze aus dem Kapitel über „Lernetappen":

— Den Stoff in kleine Portionen einteilen und bewußt einprägen.

— Eine kurze Pause einschieben (oder eine kurze Arbeit aus einem ganz anderen Fach erledigen), damit sich der Lernstoff „setzen" kann.

— Nachher den ersten Lernstoff gleich wiederholen.

— Am Ende der Tagesarbeit nochmals eine kurze Abschlußwiederholung einschieben, damit die Vergessenskurve keine Chance hat!

Wenn du für eine größere Prüfung mehrere Lernportionen lernen mußt, so brauchst du einen *Wiederholungsplan*:

— Verteile die Lernportionen auf mehrere Tage.

— Plane zusätzlich auch eine tägliche Kurzwiederholung ein, in der du die vorangegangenen Portionen nochmals wiederholen und festigen kannst.

Ein Beispiel für einen Wiederholungsplan findest du hier rechts abgedruckt.

Wie könnte ein Wiederholungsplan für deine Lernarbeit aussehen? Versuche gleich jetzt einen solchen Plan zu erstellen.

Vor Prüfungen abschalten

Noch etwas ist wichtig: Schalte rechtzeitig eine *Trainingspause* ein. Ein Sportler darf auch nicht „übertrainiert" an den Start gehen. Um bei einer Prüfung in optimaler „Form" zu sein, solltest du am Tag vorher nur mehr kurz wiederholen – und dann abschalten. Du kannst darauf vertrauen, daß in deinem Gedächtnis die Inhalte sicher gespeichert sind.

Februar / März 1989 — 9. Woche

Montag Gabriel
Geschichte 1 (1–3)

27 Dienstag Roman
Mathes: Teil 5
Geschichte: Wiederholung 1
M.: Gesamtwiederholung

28 Mittwoch Albin
Geschichte 2 (4–6)
Mathematik – Schularbeit

1 Donnerstag Karl
Geschichte: Wiederholung + Teil 3 (7–9)
Geschichte: Wiederholung 3 + Teil 4 (10–11)

2 Freitag Kunigunde
Geschichte: Gesamtwiederholung

3 Samstag Kasimir
Geschichte Test

4 Sonntag Gerda

5

Abschließend möchte ich dir noch ein Lerngesetz sagen: Lerne nichts unmittelbar vor der Prüfung! Manchmal sieht man Schüler, die krampfhaft vor einer Prüfung den Stoff wiederholen oder gar erst Neues einprägen wollen. Ein solches Lernverhalten bringt nichts. Wer kurz vorher noch Neues aufnimmt, hemmt sogar seine Leistungsfähigkeit.

So, wieder ein Abschnitt geschafft! Wiederhole gleich einmal kurz, was du dir hier gemerkt hast. Du kannst dazu auch eine der Wiederholungsübungen versuchen, die im Abschnitt 4.3 angegeben sind. Vergiß anschließend nicht auf die Belohnung!

Trainingsziel 16: Trainingsplan erstellen

Wenn ich mich auf eine Prüfung vorbereite, stelle ich mir einen genauen Trainingsplan auf:
— Ich trage meine Prüfungstermine in den Kalender ein und beginne rechtzeitig mit der Trainingsarbeit.
— Ich teile den Lernstoff in kleinere Lernportionen für jeden Tag auf.
— Ich wiederhole eine Lernportion am selben Tag mehrfach, um die Vergessenskurve auszuschalten.
— Ich plane täglich eine Kurzwiederholung der einzelnen Lernportionen ein.
— Ich höre am Tag vor der Prüfung mit dem Lernen auf und wiederhole nur mehr den gesamten Stoff.
— Ich weiß, daß mir dieser Plan hilft, meine Ziele zu erreichen.

6.2 Lerntechniken
„... Ratschläge des Trainers beachten"

Unsere jungen Sportler würden sich schön bedanken, wenn ihr Sportlehrer nicht mehr zu bieten hätte als den wohlmeinenden Ratschlag: „Trainiert nur fleißig!" Sie wollen wissen, *wie sie richtig trainieren* können.

Ein guter Trainer gibt ihnen auf ihre Fragen ganz genaue Hinweise. Er kennt die neuesten Trainingsmethoden und zeigt ihnen, worauf es ankommt. Er übt die optimalen Bewegungsabläufe mit ihnen ein, damit sie sicher zum Erfolg kommen.

Auch in der Schule hilft der wohlgemeinte Ratschlag – „Übt nur fleißig für die Prüfung!" – recht wenig. Du wirst dich dann auch fragen: „Wie soll ich richtig üben?" „Worauf kommt es dabei an?"

Wenn deine Lehrer gute Lern-Trainer sind, werden sie dir auf deine Fragen ganz konkrete Lerntips für ihre Fächer geben. Bei ihnen wirst du nicht nur den Stoff, sondern auch das *Lernen lernen*.

Bitte also deine Lehrer, daß sie euch ganz *konkrete Lerntechniken* für ihre Fächer geben. Du kannst dich natürlich auch mit deinen Freunden oder Freundinnen zusammensetzen und mit ihnen über Lerntips sprechen. Wenn jeder sein „Trickkiste" auspackt, bekommt ihr sicher eine Menge wertvoller Ratschläge zusammen. Als „Notration" habe ich dir hier einige Lernregeln für verschiedene Fächer aufgeschrieben. Wähle aus, was du für dich brauchen kannst.

Eine Lernkartei einsetzen

In einer *Lernkartei* wird der Lernstoff auf kleine Karteikarten geschrieben. Auf diese Weise kann man den Stoff in kleinen Portionen teilen und ihn *gezielt wiederholen*. Alle Lerngesetze für das Einprägen und Behalten werden dabei beachtet. Du kannst dir eine Lernkartei leicht selbst herstellen:

— Eine längliche Schachtel mit ungefähr den folgenden Maßen beschaffen:

— Die Schachtel in 5 verschieden große Fächer einteilen und in jedes Fach passende Kärtchen geben (gekaufte oder selbst angefertige Karteikarten).

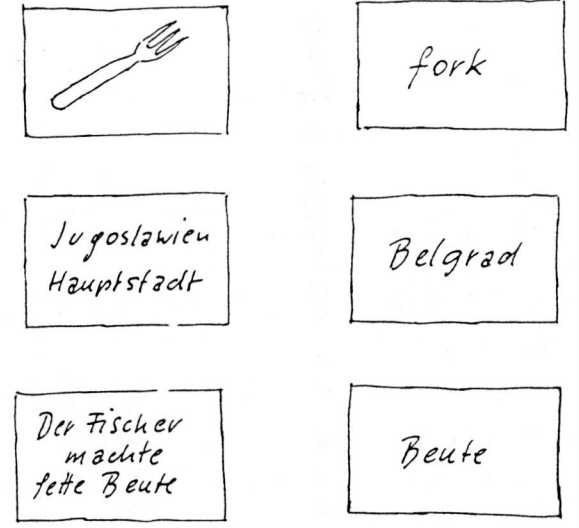

— Auf die Vorderseite einer Karte jeweils eine Aufgabenstellung, auf die Rückseite die Lösung schreiben.

— Das erste Fach mit etwa 10 Kärtchen füllen. Nun die Vorderseite lesen und die Antwort halblaut vorsagen.

— Das Kärtchen umdrehen und so die Antwort überprüfen. Jedes richtig beantwortete Kärtchen in Fach 2 geben, jedes nicht gekonnte im Fach 1 belassen.

— Sobald Fach 2 etwas mehr gefüllt ist, hier auch wiederholen. Richtig beantwortete Karten kommen in Fach 3, falsch beantwortete wieder zurück ins Fach 1.

— Dieses Kurztraining immer wieder zwischendurch einsetzen – täglich einige Minuten lang. Allmählich werden sich auch Fach 4 und 5 füllen.

— Wenn eine Karte in Fach 5 gelandet ist, kann man mit großer Sicherheit rechnen, daß diese Information fest im Langzeitgedächtnis gespeichert ist.

Vokabel lernen

— Etwa 8 bis 10 Vokabel aufschreiben (ins Heft – oder noch besser: auf kleine Zettel für die Lernkartei).

— Die Bedeutung oder Anwendung der Vokabel daneben schreiben (oder auf die Rückseite der Karteikarte). Dabei ist die fremdsprachliche Umschreibung günstiger als bloß die deutsche Übersetzung!

— Die 8 bis 10 Vokabel halblaut vorlesen – die Umschreibung oder Übersetzung gleich dazu.

— Diesen Vorgang mehrfach wiederholen. Dabei die Umschreibung abdecken und durch Aufdecken überprüfen.

— Sich bei einem Fehler sofort verbessern. Nochmals richtig (halblaut) vorsprechen.

— Die Reihenfolge beim Einprägen wechseln (also einmal von oben, von unten und vermischt lernen).

— Eine kurze Pause einlegen und dann die erste Wiederholung durchführen. Dabei halblaut sprechen und sich wieder selbst überprüfen.

— Anschließend zu einer völlig anderen Lernaufgabe wechseln – etwa „Mathematik" oder „Geographie".

— Nun mit dem zweiten Block von 8 bis 10 Vokabeln beginnen. Dabei in gleicher Weise wie oben beschrieben vorgehen.

— Manchmal auch den Kassettenrecorder zum Vokabellernen benützen. Dazu jeweils ein Vokabel ansagen – eine Pause von etwa 3 bis 5 Sekunden lassen – und nun die Umschreibung oder deutsche Übersetzung auf Band sprechen.

— Beim Abhören in der Ton-Pause die Umschreibung oder Übersetzung halblaut vorsagen. Auf dem Tonband folgt nun sofort die Kontrolle.

— „Hartnäckige Wörter" ganz gezielt behandeln: z. B.: Das Wort mit Leuchtstift auf ein Lernplakat schreiben. Oder: Ein Bild dazu ausdenken, in dem dieses Vokabel vorkommt. Je witziger und „merk-würdiger" dieses Bild ist, umso besser!
(Beispiel: „refusal" bedeutet „Ablehnung, Verweigerung". Sich dazu etwa eine Flasche mit „Fusel" vorstellen, die man verweigert, während man dabei ein ganz ablehnendes Gesicht macht).

Diktate vorbereiten

Diktate werden meist im Deutschunterricht gegeben. Manchmal sind dabei die Texte zum Auswendiglernen vorgegeben. Bei anderen Diktaten geht es darum, eine bestimmte Regel gezielt anzuwenden. Folgende Tips können dabei nützlich sein:

— Den Text halblaut lesen. Sich den Inhalt wie einen Film bildlich vorstellen. Den Sinn der Geschichte als „Film" innerlich ablaufen lassen.

— Schwierige Wörter mit Leuchtstift hervorheben oder groß auf einen Zettel schreiben. „Kritische" Stellen dabei farbig markieren (z. B.: Tiger).

— Den Text diktieren und das Geschriebene von jemandem korrigieren lassen.

— Fehlerwörter korrigiert auf einen Zettel schreiben. Dann die Wörter bildlich vorstellen. (Siehe den Abschnitt 3.1).

— Die gelernte Regel im Heft oder Buch suchen und sie mit eigenen Worten wiederholen.

— Bei Gegenüberstellungen (z. B.: das-daß; wieder-wider ...) nicht ständig hin- und herwechseln! Das bedeutet: Zuerst nur die Regel 1 festigen und üben (z. B. nur „daß" oder nur „wieder"). Erst nach einer Pause (oder am nächsten Tag) Regel 2 üben (also: „das" oder „wider"). Später dann beide Regeln gegenüberstellen.

— Beim Üben jeweils Sätze aus dem Buch oder Heft durcharbeiten. Aber auch selbst Sätze erfinden, möglichst witzig und anregend (z. B.: Ich hoffe, da*ß* morgen das Diktat ausfällt).

Aufsätze schreiben

Für Aufsätze gibt es – je nach Aufsatzart – ganz verschiedene Regeln. Du solltest daher zunächst wieder deinen Lehrer oder deine Lehrerin fragen, worauf es genau ankommt. Gib dich nicht gleich zufrieden! Laß dir eine *Zielliste* geben, auf der die wichtigsten Punkte für die Aufsatzgestaltung genannt sind. Hier siehst du ein solches Beispiel einer Zielliste, die ein Lehrer verteilt hat:

```
Beachte bei "Lügengeschichten":

- Schreibe in der Ich-Perspektive.
- Überlege, wem du deine Geschichte
  erzählen möchtest.
- Steigere die Erzählung zu einem
  spannenden Höhepunkt hin.
- Notiere zuerst einige wichtige
  Erzählschritte auf einem Zettel,
  ehe du mit deiner Erzählung be-
  ginnst.
```

Als allgemeine Anregung für das *Sammeln von Ideen* zu einem freien Aufsatz möchte ich dir folgende Punkte mitgeben:

— Das *Thema* des Aufsatzes als „Kernwort" in die Mitte eines Blattes schreiben und *einkreisen* (zum Beispiel hier: Ein wunderschöner Sonnentag).

— *Innere Bilder* zum Thema aufsteigen lassen. Alle Gedanken und Einfälle ganz *spontan kommen lassen*.

— Jedes Bild und jeden Gedanken mit einem *Stichwort* rund um das Thema notieren (z. B.: Wärme; Ferien …).

— Zusammengehörige Gedanken bilden eine *„Gedankenkette"*, neue Ideen oder Bilder werden an einer anderen Stelle angeführt.

— Wichtig ist dabei folgendes: *Nicht kritisieren und werten!* Jeden Einfall zulassen, auch wenn er zunächst merkwürdig klingt. Einfach alle Stichwörter aufschreiben, die spontan auftauchen.

— Einige Minuten in dieser Weise *Ideen sammeln*. Allmählich formt sich dann aus diesem bildlichen Denken eine Idee für einen guten Aufsatz. Die notierten Stichwörter dienen dabei als Hilfe beim Schreiben. Weniger passende Stichwörter werden einfach ausgelassen.

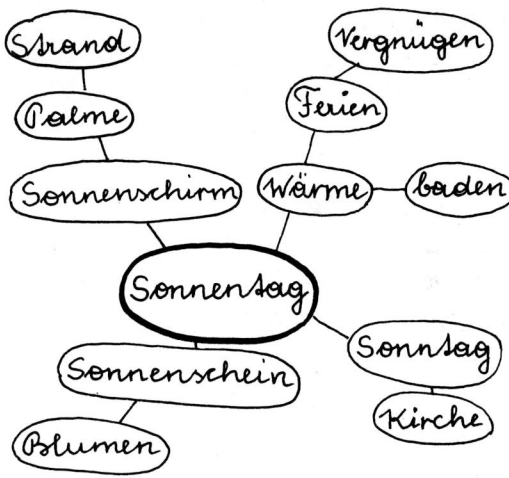

Verständlich informieren

Wenn du einen Informationstext, ein Arbeitsblatt oder ein Plakat schreiben mußt, solltest du es *verständlich schreiben*. Das folgende Übersichtsblatt zeigt dir die wichtigsten *Regeln der Verständlichkeit*. Prüfe gleich einmal, ob auf diesem Blatt diese Regeln eingehalten wurden.

VERSTÄNDLICH INFORMIEREN

— den Text in einfacher Sprache verfassen
— den Text übersichtlich gestalten
— kurz und treffsicher schreiben
— Anregung und Abwechslung hineinbringen

O EINFACHHEIT
O ÜBERSICHTLICHKEIT
O KÜRZE/TREFFSICHERHEIT
O ANREGUNG

WIE SCHREIBE ICH ÜBERSICHTLICH ?

O Ich schreibe eine gute *Überschrift,*
relativ groß, unterstrichen
oder eingerahmt.

O Ich schreibe eine kurze *Einleitung.*
Hier erfährt der Leser,
worum es hier geht und
warum das wichtig ist.

O Ich mache eine deutliche *Gliederung*
durch *Zwischenüberschriften*
und *Absätze.*

O Ich hebe *Wichtiges* hervor,
etwa durch …

verschiedene Schriften, Farben,

EINRAHMUNGEN

oder *verschiedene Zeichen*
wie etwa …

● Markierungspunkte

→ Pfeile

❙ Striche

✘ Symbole verschiedenster Art

WIE SCHREIBE ICH EINFACH ?

O Ich verwende *einfache Wörter* und
erkläre alle schwierigen Wörter.

O Ich schreibe nur *kurze Sätze,*
meist Hauptsätze.

O Ich gebe *Beispiele* zur Verdeutlichung.

WIE SCHREIBE ICH KURZ UND TREFFSICHER ?

O Ich suche passende Begriffe
und *Schlagwörter.*

O Ich schreibe *kurz* und lasse
Unwichtiges weg.

O Ich schreibe aber auch
nicht zu kurz.

WIE SCHREIBE ICH ANREGEND?

O Ich spreche den Leser *direkt* an,
z. B.: Wie du weißt … „Hallo!"

O Ich füge *Bilder oder Zeichnungen* ein.

O Ich verwende *witzige Ausdrücke.*
Aber: Zuviel des Guten lenkt ab!

Ein Referat halten

Vielleicht mußt du manchmal vor der Klasse ein Referat halten, um deinen Mitschülern etwas Interessantes mitzuteilen. Wie du dabei vorgehen kannst, zeigt dir dieser Ausschnitt aus einem Schulbuch:

EIN GEEIGNETES THEMA FINDEN

Worüber man Mitschüler informieren kann: eine Ferienreise, ein Buch, ein Hobby, eine Tierrasse, ein geschichtliches Ereignis, eine berühmte Person aus der Geschichte oder Gegenwart, die Entwicklungsgeschichte eines technischen Gegenstandes, einen Beruf, das Leben eines Künstlers oder einer Kunstepoche und vieles andere.

MATERIAL ZUM THEMA SAMMELN

Wo man Material für die sachgemäße Darstellung des Themas finden kann: in Schulbüchern, Fachbüchern und Fachzeitschriften aus Büchereien; in Lexika (z. B. „Die Welt von A—Z"), in Radio- und TV-Sendungen. Anschauungsmaterial weckt das Interesse der Zuhörer. Verwende Bilder aus Büchern, Zeitschriften, Skizzen, Zusammenfassungen oder Tabellen für den Overheadprojektor, Landkarten, Plakate, die Tafel und Gegenstände, um deine Informationen zu verdeutlichen!

---

lesen → auswählen → das Wichtigste herausschreiben

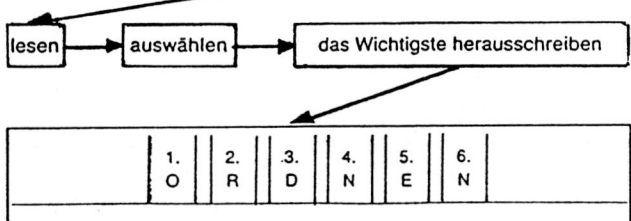

1. O	2. R	3. D	4. N	5. E	6. N

Mögliche Gliederungen eines Referates sind:

- Gestern — heute — morgen.
- Was ist — was sein könnte — wie es erreicht werden kann.
- Das ist interessant — so funktioniert das — so könntest du das auch machen.
- Das habe ich erlebt — besonders Interessantes erzähle ich jetzt genauer — das habe ich davon gelernt.
- Das ist meine Sammlung — wie ich dazu gekommen bin — Besonderheiten und Ziele.

BEGINN UND ENDE EINES REFERATES

So kann man ein Referat beginnen:

- Erst beginnen, wenn alle Zuhörer aufmerksam sind.
- Das Thema vorstellen und die Gliederung des Referates nennen.
- Den Zuhörern begründen, warum man dieses Thema gewählt hat.
- Einen für die Zuhörer überraschenden Beginn setzen, um die Aufmerksamkeit auf sich zu ziehen und das Interesse zu wecken. .

So kann ein Referat enden:

- Das Wichtigste in einem Satz zusammenfassen.
- Einen wirkungsvollen Schlußpunkt mit einer originellen Idee setzen.
- Mit einer Aufforderung zur Nachahmung oder zum Mitmachen enden.
- Den Zuhörern weitere Erklärungen bzw. Antwort auf ihre Fragen anbieten.

EINE SCHRIFTLICHE VORBEREITUNG DES REFERATES ANLEGEN

Einen Text in Aufsatzform vorbereiten, der dann vorgelesen wird. Möglichst so schreiben, wie man spricht.

Einen Text in Aufsatzform vorbereiten, wichtige Stichwörter mit Farbe hervorheben, in Absätze gliedern. Möglichst frei sprechen und wenig in den vorbereiteten Text schauen. Nicht auswendig lernen.

Einen Stichwortzettel oder einen „Merktext" anlegen. Frei sprechen und die Stichworte benutzen, um auf nichts Wesentliches zu vergessen. Nicht auswendig lernen.

Anschauungsmaterial so herrichten, daß es während des Referates griffbereit ist. Zum Beispiel die Reihenfolge von Bildern aus Büchern numerieren.

VORBEREITEN UND ÜBEN

Kontrolliertes Üben mit einem Kassettenrecorder. Zeit, Lautstärke, Sprechgeschwindigkeit und Verständlichkeit dabei beobachten. Einen „Kritiker" bitten, auf inhaltliche Unklarheiten zu achten.

DURCHFÜHRUNG

- Vorher einige Male durch die Nase tief einatmen und durch den Mund ausatmen.
- Das Kinn während des Referates hochhalten, sonst bekommt man mit der Stimme und der Atmung Probleme.
- Langsam sprechen, Pausen einlegen.
- Anschauungsmaterial lange und gut sichtbar zeigen.

Bewußt lesen

Wenn wir einen Sachtext lesen, sollten wir dabei die *„5-Schritte-Technik"* beachten:

1. Schritt: Überfliegen

Vor dem Lesen zuerst einmal den Inhalt rasch *überfliegen*. Dazu das *Inhaltsverzeichnis* durchblättern oder die *Überschriften* eines Kapitels ansehen. Hier erfährt man bereits ganz grob, was in diesem Text zu finden ist.

2. Schritt: Fragen stellen

Sich noch *vor dem Lesen selbst fragen*: Was weiß ich bereits über dieses Stoffgebiet? Was möchte ich wissen? Was interessiert mich daran? Diese Fragen auch *notieren*.

3. Schritt: Lesen

Den Text *gründlich lesen*. Dabei nach Antworten auf die gestellten Fragen suchen. Immer wieder *prüfen*, ob das Gelesene auch *verstanden* wurde. *Zeichnungen und Skizzen* zum Text ansehen. *Unbekannte Wörter* im Lexikon nachschlagen. Längere Texte in *kleinere Abschnitte* aufteilen.

4. Schritt: Zusammenfassen

Das Gelesene mit *eigenen Worten zusammenfassen*.
Eine *Pause* einschieben, ehe man zum nächsten Abschnitt geht.

5. Schritt: Wiederholen

Am Schluß alles nochmals wiederholen. Eine einfache *Übersichtsskizze* mit den wichtigsten *Stichwörtern* anfertigen, dabei auch halblaut sprechen. Sich selbst *überprüfen*.

Richtig exzerpieren

Mit dem Wort „exzerpieren" meinen wir, das Wichtigste aus einem Text herausfinden und übersichtlich notieren. Die oben genannte Lesetechnik kann dir dabei helfen. Weitere Anregungen gibt dir der folgende Ausschnitt aus einem Schulbuch:

1 Für die Vorbereitung auf Referate und Prüfungen lernen Schüler oft lange Texte auswendig. Im Hinblick auf ein sinnvolles Lernen und Behalten des Lernstoffes ist diese „Lerntechnik" nicht wünschenswert. Gelernt und behalten wird eine Information vor allem durch drei Schritte, die du bei deiner Arbeit beachten solltest:

Merke:

1. Verstehe ich das, was ich lernen soll?
2. Was ist besonders wichtig daran?
3. Wie schreibe ich das Wichtigste gut geordnet auf?

Bei der Darstellung von gut einprägsamen Lerntexten verwende verschiedene Farben, SCHRIFTARTEN, >Symbole<, H e r v o r h e b u n g e n und eine einprägsame Anordnung als *Hilfe* für dein Gedächtnis!

⚅ Lege für den Text über die Geschichte der Zeitung einen „Merktext" an! Gehe so vor: Zuerst unterstreiche Wichtiges, dann schreibe es in Stichworten heraus, zuletzt schreibe die Lerninformation geordnet auf!

2 **Die geschichtliche Entwicklung der Zeitung**

Das Zeitalter der Presse begann mit der Erfindung der beweglichen Metalletter durch den Mainzer Johannes Gensfleisch zu Gutenberg um 1440. Zwar erschienen bereits im alten Rom die ersten handgeschriebenen Zeitungen auf Wandtafeln, und auch im Mittelalter ließen sich Adelige und Kaufleute wichtige wirtschaftliche und politische Nachrichten auf handgeschriebenen Vervielfältigungen zukommen, aber erst durch Gutenbergs Erfindung und die der bereits früher bekannten Drucktechnik wurde eine regelmäßige Mitteilung an ein größeres Publikum möglich. Die mechanische Herstellung mit Druckpressen war schneller und weitaus billiger als die bis dahin gebräuchlichen Vervielfältigungstechniken. Dadurch war die Chance gegeben, Lesestoff nicht nur an den Herrschaftshöfen, in Klöstern und Handelshäusern zu nutzen, sondern die Zeitung trug mit bei, die parallele Entwicklung der allgemeinen Lesefähigkeit zu verstärken.

So könntest du das Wichtigste aus dem umseitigen Text herausschreiben.

Das Wichtigste	Mainzer Gutenberg erfindet 1440 bewegliche Metalletter. Früher Nachrichten durch handgeschriebene Wandtafeln (Rom) und Vervielfältigungen (Mittelalter) für Adelige, Kaufleute und Geistliche verbreitet. Metalletter und Drucktechnik sind schneller und billiger. Lesestoff wird für alle möglich. Deshalb lernen auch alle das Lesen.

Und so könnte ein übersichtlicher „Merktext" gestaltet werden. Beachte dabei auch die Hinweise auf Seite 36 und 60.

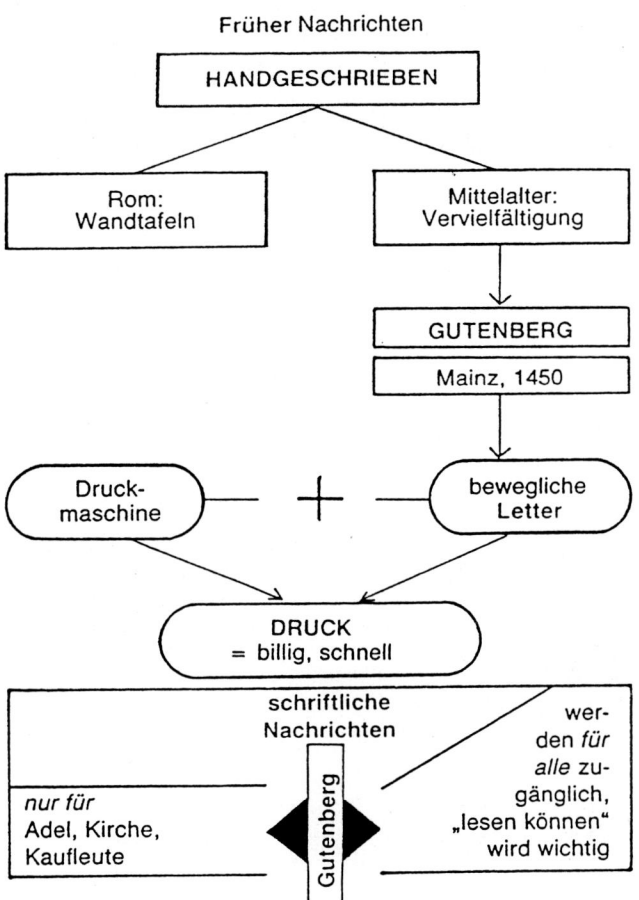

Textaufgaben lösen

Textaufgaben im *Mathematikunterricht* erfordern ganz besondere Aufmerksamkeit. Wenn du dich an die folgenden Regeln hältst, wirst du sie leichter lösen können:

— Die Aufgabe *langsam durchlesen.*

— Alle wesentlichen Angaben *unterstreichen* oder mit Leuchtstift hervorheben.

— Die *Fragestellung* suchen. Auch Zwischenfragen überlegen und in richtiger Reihenfolge notieren.

— Eine einfache *Skizze* anfertigen, um die Aufgabe durchschaubar zu machen.

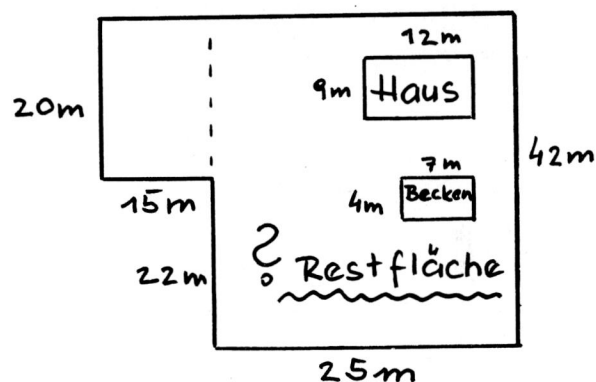

— Die *Rechenoperationen* in richtiger Reihenfolge *notieren* (z. B.: + / x / − / :).

— *Schätzen,* was grob überschlagen als Endergebnis herauskommen könnte.

— Die Rechnung in richtiger Reihenfolge *lösen.*

— Die *Antwort hinschreiben,* mit der Schätzung vergleichen.

Sachstoffe einprägen

In den sogenannten „*Lernfächern*" wie Geographie, Geschichte, Biologie oder Physik gibt es oft viele Inhalte zu lernen. Wir bezeichnen diese Fächer auch als „*Realien*" oder „*Sachfächer*". Die folgenden Tips können dir helfen, die Merkstoffe dieser oder ähnlicher Fächer gut einzuprägen:

— Den Lernstoff in mehrere Teile *portionieren* (z. B. jeweils 2 bis 3 Seiten) und *auf mehrere Tage verteilen*.

— Sich an den Unterricht erinnern und das Gehörte mit eigenen Worten *wiederholen*, um zu prüfen, was noch hängengeblieben ist.

— Sich *fragen*: Was interessiert mich daran? Was ist mir unklar? Was möchte ich noch wissen?

— Den Merkstoff *halblaut lesen*, dabei *unterstreichen* oder mit Leuchtstift das Wichtigste hervorheben. Verschiedene *Farben verwenden* (Gleichwichtiges jeweils in derselben Farbe).

— *Bilder, Zeichnungen, Grafiken* betrachten und halblaut mit eigenen Worten kommentieren.

— Auf einem Zettel die Hauptinformationen *in Stichwörtern notieren*. Dabei den Inhalt *mit eigenen Worten wiederholen* und Zusammenhänge mit Pfeilen etc. einzeichnen.

— *Fragen* aus dem Stoff erstellen. Sich von jemandem *abfragen lassen* oder jemandem den Stoff *erklären*. (Vergleiche dazu auch die Wiederholungsübungen im Abschnitt 4.3).

— „Widerspenstige" Inhalte auf ein *Lernplakat* schreiben (z. B. wichtige Jahreszahlen). Zum Stoff auch *witzige Comics* und Sprechblasen zeichnen. Vielleicht auch etwas aus dem Stoff als *Rollenspiel* darstellen.

— Die Augen schließen und *innere Bilder* zum Stoff auftauchen lassen. (Vergleiche dazu den Abschnitt 3.1 und die Übung „Vorstellungsbilder" auf der Tonkassette).

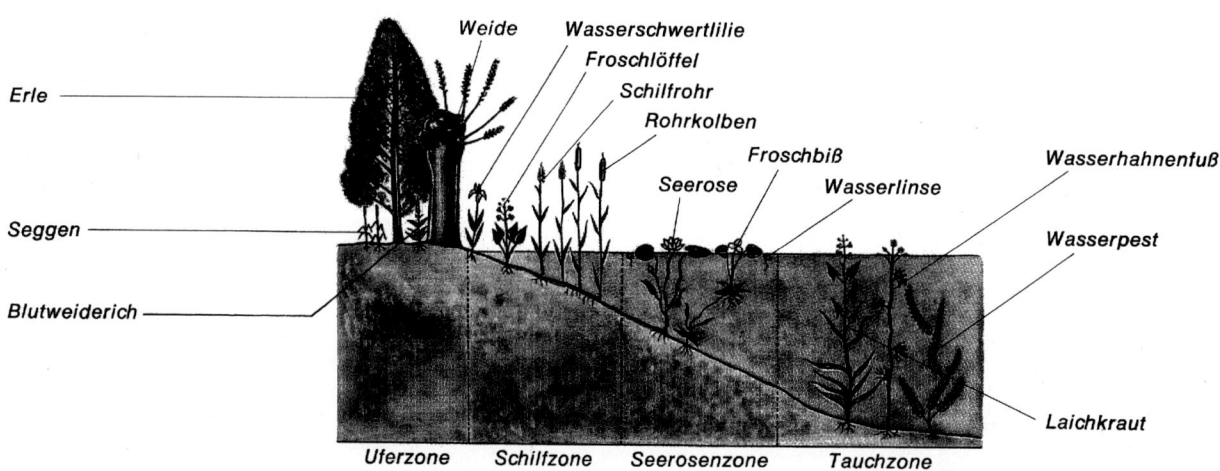

Abb. 67.2 Pflanzenzonen des Seeufers. Die Pflanzen und Tiere sind dem Leben in ihren Zonen angepaßt.

Einen „Schwindelzettel" anlegen

Manche Schüler verlassen sich bei einem Test oder während einer Prüfung nicht nur auf ihr Gedächtnis. Sie legen sich einen „Schwindelzettel" (Spickzettel) mit den wichtigsten Informationen an. Er soll ihnen im Notfall eine Gedächtnisstütze sein. Einige Tips für diesen „Sonderfall" des Lernens möchte ich dir hier natürlich nicht vorenthalten:

— Einen „Schwindelzettel" (Spickzettel) auf ein *Blatt in der Größe von A4* schreiben. Die wichtigsten Informationen dabei in *Stichworten* übersichtlich notieren. Zusammenhänge mit Pfeilen kennzeichnen.

— Den Stoff am zweiten Tag wiederholen und dann den Schwindelzettel auf ein *halb so großes Blatt* (A5-Format) neu schreiben. Weniger wichtige Informationen dabei *weglassen*.

— Am dritten Tag den Stoff nochmals *kurz wiederholen* und den Zettel *auf A6 verkleinern*.

— Am Tag vor der Prüfung nochmals *kurz wiederholen* und eine *„Mini-Fassung"* des Schwindelzettels schreiben.

$$R: D = a \cdot b \qquad U = (a + b) \cdot 2$$
$$Qu: D = a \cdot a \qquad U = 4 \, D$$
$$RD: A = \frac{a \cdot b}{2} \qquad U = a + b + c$$

$$(a + b) \cdot c = a \cdot c + b \cdot c$$

— Den Schwindelzettel vor der Prüfung *an einem sicheren Ort verstecken*. Bei dieser gründlichen Vorbereitung wird er sicher *nicht* gebraucht! (Aber: Versichern beruhigt!)

6.3 Streßabbau
„... selbstbewußt ins nächste Rennen gehen."

Nun ist es für unsere jungen Sportler wieder so weit: Eine neue Schülermeisterschaft steht vor der Tür. Nachdem sie optimal trainiert haben, ist der Erfolg schon in Griffweite – wenn sie nur die Nerven behalten!

Wir haben schon einmal darüber gesprochen, daß sich Sportler vor einem Wettkampf entspannen und beruhigen, um voll konzentriert an den Start zu gehen. Auch vor einer Prüfung ist es wichtig, Ruhe zu bewahren. Aufregung und Streß würden nur das Denken blockieren.

Aber was tun, wenn man dennoch unter Prüfungsstreß leidet und das Gefühl hat: „Ich schaffe es nicht! Es ist, als ob ich ein Brett vor dem Kopf hätte. Nichts fällt mir mehr ein!" In einem solchen Fall kann dir das folgende „Anti-Streß-Programm" helfen:

Gezielt den Stoff lernen

Damit du bei einer Prüfung nicht von Streß oder Angst angesteckt werden kannst, solltest du dich vorher dagegen „impfen". Du wirst dann „immun", also geschützt, sicher und voll Selbstvertrauen.

Der erste Schritt dazu heißt: *Gezielt den Stoff lernen!* Sicheres Wissen gibt auch Sicherheit und verringert Angst und Streß. Wie du gezielt lernen und dein Wissen sichern kannst, hast du in den früheren Kapiteln erfahren.

Die Angst annehmen

Wenn du auch nach gründlicher Vorbereitung noch Angst vor einer Prüfung hast, so hilft nur eines: Der Angst gelassen ins Auge blicken!
Angst oder Aufregung vor einer Prüfung sind keine Schande. Fast jeder ist vor einer entscheidenden Arbeit etwas angespannt. Gestehe dir also Angst und Anspannung ruhig zu. Du kannst dir auch vor Augen halten, daß von der Prüfung nicht dein Leben abhängt. Überschätze die Schule nicht! Es gibt Wichtigeres als gute Noten!

Streß und Angst abbauen

Wenn du Angst und Streß verringern möchtest, können dir Entspannungs- und Vorstellungsübungen sowie positive Gedanken helfen.

Wie das geht, zeigt dir das folgende Programm:

Streß-Situation beschreiben:

Notiere zunächst auf einem Blatt Papier, an welchen *Merkmalen* sich bei dir Prüfungsstreß zeigt.
Beispiel: „Ich sehe, wie die Lehrerin mit den Heften hereinkommt. Mein Magen beginnt zu flattern, ich kann gar nicht mehr denken. Ich höre, wie ich zu mir sage: 'Das schaffe ich nie. Alles vergessen ...'"
Du kennst vielleicht solche Gedanken vor einer Prüfung. Sie bewirken meist noch mehr Angst und Streß.

Sich entspannen:

Nun führst du eine *Entspannungsübung* durch, so wie du es im Abschnitt 2.2 gelernt hast. Du setzt oder legst dich hin, atmest ruhig und entspannst dich mehr und mehr. Du wirst ruhig, gelöst, gelassen.

Prüfung vorstellen:

Stelle dir jetzt die unangenehme *Prüfungssituation* vor. Laß diese Bilder deutlich in dir auftauchen, sieh sie genau an. Nimm auch die Gedanken und Gefühle wahr, die sich bei diesen Bildern einstellen.
Beispiel: „Jetzt sehe ich die Lehrerin hereinkommen. Ich spüre meinen Magen. Das schaffe ich nie …"

„Stop-Signal" und „Entspannungswort" vorsagen:

Wahrscheinlich tauchen bei diesen Vorstellungsbildern unangenehme Gedanken oder Gefühle auf, die dich beunruhigen oder verspannen. Denke in diesem Fall an das *„Stop-Signal"*, das du bereits eingeübt hast. Schließe daran dein persönliches *Entspannungswort* (etwa „ruhig", „gelassen" …).
Sage also etwa folgendes: „Stop! So will ich nicht weiterdenken. Ich sage mir jetzt mein Entspannungswort: 'Ich bin ganz ruhig …'"

Positiv denken:

Sage dir nun einen *positiven Satz* vor, der dich wieder ermutigt und aufbaut. Hier einige Beispiele:

Ich kann es schaffen.
Nur Mut – es geht gut.
Prüfung ganz gleichgültig.
Ich lerne leicht.
Ich komme voran …

Spüre dabei auch, wie dich dein positiver Satz entspannt, beruhigt und aufbaut.

Beispiel: „Stop! So will ich nicht weiterdenken. Ich sage mir jetzt mein Entspannungswort: 'Ich bin ganz ruhig …' Je entspannter ich bin, desto besser wird mir die Arbeit gelingen. Ich habe mich gut vorbereitet. Ich weiß, daß ich es schaffen werde. Das beruhigt mich."

Vorstellungsübung wiederholen:

Versuche dann, diese Vorstellungsübung zu *wiederholen*. Du wirst merken, daß bei jeder Wiederholung deine Angst etwas weniger wird. Wiederhole so oft, bis du das Bild mit der Prüfungssituation gelassen, ohne Anspannung und Angst ansehen kannst.

Im Rollenspiel trainieren:

Du kannst nun versuchen, die Prüfungssituation auch zu Hause mit jemandem durchzuspielen. Macht es dabei so, wie es in *Wirklichkeit* sein wird. Wenn unangenehme Gedanken oder Verspannungen dabei auftauchen, sagst du dir das *Stop-Signal*, dein *Entspannungswort* und einen *positiven Satz*.

Durch dieses Training kann deine Angst geringer werden, weil du ihr vorher bereits mehrfach mutig „in die Augen geblickt" hast. Dein *Selbstvertrauen* und dein *Selbstbewußtsein* können wachsen und dich bei der Prüfung unterstützen.

Vor Prüfungen gelassen bleiben

Nun stehst du tatsächlich vor einer Prüfung. Rund um dich große Hektik und Aufregung. Gleich wird der Lehrer kommen! Dir macht das allerdings wenig aus. Du hast dich gut vorbereitet, bist ruhig und voll Selbstvertrauen. Jetzt brauchst du nur mehr ein paar einfache Hinweise bachten:

— Laß dich nicht von der Hektik der anderen anstecken. Zieh dich auf einen *ruhigen Platz* zurück und wandere für dich allein im Schulgang auf und ab.

— So kurz vor der Prüfung solltest du *nichts mehr lernen*. Du weißt, daß das eine Lernhemmung bewirkt.

— *Entspanne dich* mit einer der Übungen, die du hier gelernt hast. Atme ruhig und gleichmäßig, werde innerlich gelöst und gelassen.

— Du kannst auch an *angenehme Bilder* denken, die dich beruhigen und dir ein gutes Gefühl geben (z. B. an einen schönen Sommertag an einem See).

— Sag innerlich zu dir einen *positiven Satz*, zum Beispiel: „Ich habe mich gründlich vorbereitet. Ich bin ruhig und sicher. Ich werde meine Arbeit erfolgreich erledigen."

— Manchmal ist es auch hilfreich, mit jemandem ein *Gespräch* zu führen, das ablenkt und entspannt (etwa über das morgige Fußballspiel …).

— Oft ist es auch günstig, dich an *frühere Erfolgserlebnisse* zu erinnern, in denen du alle Fähigkeiten hattest, die du heute bei dieser Prüfung brauchst.

— Du solltest auch zeitgerecht alle *Materialien bereitlegen*, die du für die Prüfung brauchst. Während du Stück für Stück ganz bewußt auflegst, entspannst du dich und wirst ganz ruhig.

Zielbewußt arbeiten

Jetzt beginnt die Prüfung. Die Aufgaben werden bekanntgegeben. Vielleicht mußt du auch vorne an die Tafel gehen. Du bleibst ruhig und gelassen. Du weißt, daß du gelernt und dich gründlich vorbereitet hast. Du kannst daher *selbstsicher und zielbewußt* zu arbeiten beginnen. Beachte bei deiner Arbeit die folgenden Hinweise:

— Wenn du die Aufgabenstellung bekommst, dann *laß dir Zeit*. Verschaffe dir zuerst einen *Überblick*.

— Falls du eine Aufgabe nicht verstehst, *frage nach*. Besser einmal zu viel gefragt als einen Fehler gemacht.

— Beginne möglichst mit einer *einfachen Aufgabe*. Du hast dann gleich ein Erfolgserlebnis, das dich weiter aufbaut.

— *Überspringe* eine Aufgabe, wenn du sie auch nach einigen Versuchen nicht lösen kannst. Am Schluß ist noch immer Zeit, einen „schweren Brocken" zu bearbeiten.

— Versuche bei schwierigen Aufgaben, *halblaut zu denken*. Sag deine Gedankengänge leise vor dich hin (ohne andere zu stören), denn das hilft beim Denken.

— *Entspanne dich* zwischendurch in kurzen Pausen. Dehne dich, atme mehrfach kräftig durch, schalte kurz ab. Du wirst nachher wieder frischer sein.

— Erinnere dich dabei auch an deine *positiven Gedanken und Gefühle*, die du in dir verankert hast. Sie geben dir Kraft, die Prüfung erfolgreich zu beenden.

— Wenn Zeit bleibt, dann solltest du die Arbeit noch *in Ruhe überprüfen*: Ist alles gemacht, was verlangt war? Habe ich nichts vergessen? Welche Fehler gehören noch korrigiert?

Ich wünsche dir viel Erfolg bei deinen Aufgaben und Prüfungen. Ich hoffe, daß dir dieses Trainingsprogramm eine Hilfe war, zielbewußt zu lernen.
Weiterhin viel Spaß beim Lernen! Und vergiß nicht, dich für deine Trainingsarbeit zu loben!

🎞️ *Streßabbau*
Kassette, Seite B, Nr. 4 oder Anhang, S. 127

Trainingsziel 18: Prüfungsstreß meistern

Mit Selbstvertrauen und Selbstsicherheit kann ich den Prüfungstreß gelassen meistern:
— Ich bereite mich zeitgerecht und gründlich auf die Prüfung vor. Das befreit mich von unnötigem Streß und Druck.
— Ich spiele die Prüfungssituation in Gedanken oder im Rollenspiel durch, bis ich sie ohne Angst und Anspannung betrachten kann.
— Ich mache mir klar, daß ich bei meiner gründlichen Vorbereitung mit Selbstvertrauen zur Prüfung antreten kann.
— Ich lasse mich von der Hektik anderer nicht anstecken, sondern entspanne und beruhige mich vor der Prüfung.
— Ich verschaffe mir zuerst einen Überblick und beginne mit einer leichten Prüfungsaufgabe.
— Ich verbeiße mich nicht in eine unlösbare Aufgabe, sondern erledige sie zum Schluß.
— Ich schalte kurze Pausen ein, um mich aufzulockern, zu entspannen und mich mit positiven Gedanken aufzutanken.
— Ich arbeite zielbewußt weiter und überprüfe am Schluß noch meine Arbeitsergebnisse.

Nachwort für Lehrer und Eltern

Thema: „Lernen lernen"

Das Schlagwort „Lernen lernen" führt seit Jahren die Hitliste pädagogischer Begriffe an. In der Regel versteht man darunter Anleitungen für effektives *Wiederholen, Üben und Einprägen* bei der häuslichen Lernarbeit.[1] Hier scheint noch immer ein Defizit vorzuliegen, obwohl es inzwischen zahlreiche Lernratgeber für Erwachsene wie für Schüler gibt.[2]

Das hier vorliegende Trainingsprogramm bietet in diesem Sinn Informationen über *effektive Lernmethoden*, die sich vorwiegend an der traditionellen Lernpsychologie orientieren. Darüber hinaus werden auch neuere psychologische Erkenntnisse einbezogen, die Lernen in Verbindung mit *Entspannungsmethoden* und *Vorstellungsübungen* bringen. Zielbewußtes Üben und erfolgreiches Lernen wird dabei unter der Perspektive von Selbstentfaltung und Selbstbestimmung der Schüler gesehen.

1. Lerntechniken für schulische und häusliche Lernarbeit

In diesem ersten Abschnitt möchte ich aufzeigen, daß der *Begriff „Lernen lernen"* meist verkürzt dargestellt wird. Ich weise darauf hin, daß Lerntechniken in Verbindung mit einem *schülerzentrierten Konzept* gesehen werden müssen, in dem die Lernenden weitgehend selbständig und selbsttätig bedeutsame Lernerfahrungen machen kön-

nen. Erst in diesem Rahmen haben nach meiner Auffassung *Lerntrainings-Programme* eine sinnvolle Bedeutung. Abschließend verweise ich darauf, daß wirksame Lernförderung nicht allein durch den Erwerb von Lerntechniken geschieht, sondern in der *positiven Beziehung zwischen Erziehern und Schülern* gründet.

1.1 „Lernen lernen" in unterschiedlicher Sichtweise

Mit dem Begriff „Lernen lernen" wird – wie eingangs beschrieben – meist der Erwerb von Wiederholungs-, Übungs- oder Einprägestrategien bezeichnet. Dies ist eine mögliche – allerdings sehr verkürzte – Sichtweise des Problems. Schulisches Lernen bedeutet mehr als wiederholen, üben oder sich auf Prüfungen vorbereiten!

„Lernen lernen" als allgemeines Bildungsziel

Der Bildungsauftrag der Schule darf sich nicht auf das Vermitteln von fachlichen Inhalten und Fertigkeiten beschränken. Vielmehr geht es hier um die Verwirklichung *allgemeiner Ziele*, etwa um die Förderung von *„Selbstbestimmungsfähigkeit"* der Schüler. Wenn wir „Lernen lernen" unter solchen Zielsetzungen betrachten, bekommt es sofort einen anderen Stellenwert. „Lernen lernen" bedeutet dann nach *W. Rainer*, „sich unabhängig machen von ausschließlich fremdbestimmten Lernprozessen".[3] In den

Lehrplänen wird dies meist mit dem Ziel *„selbsttätiger Bildungserwerb"* ausgedrückt (vgl. z.B. das allgemeine Bildungsziel der österreichischen Lehrpläne). Im Vordergrund steht dabei weniger die Frage, wie Schüler Lerninhalte am besten einprägen und reproduzieren, sondern *wie sie ihr Lernen selbst in die Hand nehmen können!*

Es geht in erster Linie darum, daß die Schüler Lernen als positiv erfahren und zum Lernen eine positive Einstellung gewinnen. „Lernen lernen" zielt in dieser umfassenden Bedeutung auf die Befähigung und Bereitschaft zu *lebenslangem Lernen.* Dieses Ziel wird gerade in unserer Zeit umso dringlicher, als das Wissen rasch veraltet und ständig neue Probleme zu lösen sind. „Lernen lernen" kann in diesem weitesten Sinn auch mit „Bildung" gleichgesetzt werden, wie das etwa bei *Carl R. Rogers* in seinem Buch „Lernen in Freiheit" geschieht: „Der einzige Mensch, den man gebildet nennen kann, ist jener, der gelernt hat, wie man lernt; der gelernt hat, wie man sich anpaßt und ändert; der erkannt hat, daß kein Wissen sicher ist, daß nur der Prozeß der Suche nach Wissen eine Basis für Sicherheit bietet. Das einzige, was in unserer modernen Welt als Ziel der Erziehung überhaupt einen Sinn haben kann, ist die Fähigkeit zur Veränderung und dazu, mehr dem Prozeß als dem statischen Wissen zu vertrauen." [4]

„Lernen lernen" als instrumentelles Ziel

Wenn die Schüler zu selbständigem und selbsttätigen Bildungserwerb geführt werden sollen, brauchen sie dazu die entsprechenden Fähigkeiten und Fertigkeiten. „Lernen lernen" bedeutet dann – in einer etwas eingeschränkten Sichtweise –, *Methoden des geistigen Arbeitens* erwerben. Man spricht hier auch von „instrumentellen Lernzielen", weil damit gleichsam die „Instrumente" für selbsttätigen Bildungserwerb bereitgestellt werden sollen. Auch diese Ziele werden in Lehrplänen angesprochen.[5]

Zunächst geht es hier um den Erwerb von *Arbeitstechniken.* Damit bezeichne ich jene Methoden, mit denen Schüler *Lerninhalte selbständig erarbeiten* und Lernaufgaben eigenständig (sowie partnerschaftlich) lösen können.

Beispiele für Arbeitstechniken:
— Aus einem Text sinnvolle Stichwörter herausschreiben können.
— Personen gezielt interviewen können …
— In einer Gruppe konstruktiv zusammenarbeiten können …

Im vorliegenden Trainingsprogramm werden bes. im Kapitel 6.2 verschiedene Arbeitstechniken zum selbständigen Erwerb von Wissen beschrieben.

Der Schwerpunkt des Trainingsprogramms liegt jedoch im Bereich der *Lerntechniken.* Darunter verstehe ich in erster Linie Methoden zum besseren *Einprägen und Behalten* von Lernstoffen oder zur *effektiven Prüfungsvorbereitung.*

Beispiele für Lerntechniken:
— Lerngesetze kennen und beachten, z. B.: Vor einer Prüfung nicht gehäuft, sondern gezielt auf mehrere Tage verteilt lernen.
— Lernstoffe aktiv – etwa mit eigenen Worten – wiederholen …

Die Fähigkeiten des gezielten Einprägens, Behaltens und Wiedergebens können ebenfalls entsprechend gelernt und eingeübt werden. Im vorliegenden Trainingsprogramm wird darauf besonders in den Kapiteln 1.1, 3.1 bis 4.3 sowie 6.1 und 6.2 eingegangen.

Ich möchte jedoch bereits an dieser Stelle hervorheben, daß der Erwerb von Lerntechniken die engste Sichtweise von „Lernen lernen" darstellt. Es darf dabei die umfassendere Sicht nicht außer acht gelassen werden, der es um *Selbstentfaltung, Selbstbestimmungsfähigkeit, Eigenverantwortlichkeit und selbsttätigen Bildungserwerb* der Schüler geht. Andernfalls besteht die Gefahr, daß Schüler lediglich Lerntechniken erwerben, die zur effektiveren Übernahme fremdbestimmter Aufgaben und zur Reproduktion von Wissen beitragen.

Schulisches Lernen unterliegt nur zu leicht einer einseitigen Leistungsorientierung. Das Auswendiglernen von – zum Teil unwesentlichen Fakten – steht dann im Vordergrund. „Lernen lernen" im Sinne des Erwerbs von Lerntechniken kann hier zu einem bedenklichen *„Lerndrill"* ausarten. Die Frage, *wie* etwas effektiv geübt und gemerkt werden kann, wird dabei an den Anfang gestellt. Wichtiger aber ist die Frage: *Was ist für Schüler wichtig, sinnvoll und bedeutsam?* Und: *Wie können Schüler ihr Lernen selbständig in die Hand nehmen?*

Wenn „Lernen lernen" vorwiegend im Zusammenhang mit Prüfungen gesehen wird, treten häufig unerwünschte Nebenwirkungen auf. *W. Rainer* beschreibt diesen „heimlichen Lehrplan" des „Prüfungslernens" folgendermaßen: „Lernen bedeutet unter diesen Bedingungen für den Schüler die möglichst ökonomische Aufnahme und Speicherung von erforderlichen Mindestkenntnissen mit besonderer Berücksichtigung der Schwerpunkte, die erfahrungsgemäß das Interesse des Lehrers erregen, zum Zwecke der (meist einmaligen) Reproduktion. Lehren wird deformiert zur Prüfungsvorbereitung. Eine ‚bildende' Auseinandersetzung mit der Welt wird unter solchen Umständen sicher nicht erreicht, sondern eher wirksam behindert."[6]

1.2 Ein schülerzentriertes Lernkonzept

Wie weit das vorliegende Trainingsprogramm „Lernen lernen" in seiner umfassenden Bedeutung ermöglicht, hängt vom *Lernkonzept* ab, innerhalb dessen es eingesetzt wird. Viele Unterrichts- und Erziehungspraktiken scheinen diesbezüglich wenig förderlich. Schüler verbinden mit „Lernen" oft nur mehr negative Assoziationen, etwa Druck, Zwang, Belastungen oder gar Angst. Ich möchte daher in diesem Abschnitt Perspektiven für das Lernen in einer demokratischen Schule aufzeigen.

Bedeutungsvolles Lernen

Den Erfolg schulischer Bildung kann man nicht allein daran messen, daß Prüfungen gut bestanden werden. Schulisches Lernen erfüllt seinen Sinn vor allem dann, wenn Selbstbestimmungs- und Kooperationsfähigkeit, Selbständigkeit und eine positive Lerneinstellung bei den Schülern gefördert werden.

Diese Zielsetzungen erfordern eine Veränderung tradierter Erziehungseinstellungen in Richtung eines eher *schülerzentrierten Unterrichtskonzepts*. Hier erhalten Kinder und Jugendliche die Chance, *Lernen als persön-*

lich bedeutsamen Wachstumsprozeß zu erleben und sich im Lernen selbst zu verwirklichen. Sie können als Suchende, Forschende und Entdeckende ihr Lernen weitgehend mitbestimmen und sich im Lernprozeß persönlich entwickeln. [7]

Die Aufgaben von Lehrern oder Eltern verlagern sich in einem solchen Erziehungskonzept, das dieses *bedeutungsvolle Lernen* in den Mittelpunkt rückt: Sie fordern weniger, daß ihre eigenen Vorstellungen vom Kind erfüllt werden. Vielmehr *fördern* sie in hohem Ausmaß das *selbstbestimmte Lernen* der Heranwachsenden.

Lernfördernde Aktivitäten

Für die Schule bedeutet dies eine Abkehr von einer Rollenvorstellung des Lehrers, nach der er sich als alleiniger Steuerer des Unterrichtsgeschehens sieht. Wer aus einer schülerzentrierten Grundeinstellung heraus handelt, wird versuchen, weniger lenkende, dafür jedoch *lernfördernde Aktivitäten* zu setzen. Darunter versteht man zum Beispiel:

— Die Interessen der Schüler an einem Thema ermitteln.
— Mit den Schülern besprechen, wie sie verbindliche Ziele des Lehrplans mit ihren Interessen verbinden können.
— Auf häufigen Frontalunterricht verzichten, dafür vermehrt Einzel-, Partner oder Gruppenarbeit ermöglichen.
— Informationspapiere, Arbeitsmaterialien, Lernspiele mit Selbstkorrektur usw. zum selbständigen Lernen auflegen …

Ähnliches gilt für Eltern: Wenn sie in der Erziehung an der Entwicklung der gesamten Person interessiert sind, werden sie ihr Augenmerk weniger auf die Perfektion einseitiger Leistungsforderungen richten, sondern auf die Förderung bedeutsamerer Lernprozesse. Das kann zum Beispiel bedeuten:

— Eltern sehen interessante Freizeitaktivitäten ebenso als „lernträchtig" an wie die (oft unattraktiven) Schulaufgaben.
— Eltern beachten mehr die Kreativität ihrer Kinder als die Erfüllung genormter Aufgaben (etwa interessante Fragen vor fehlerfreier und schöner Schrift).
— Eltern bemühen sich, für Lernarbeiten günstige Bedingungen bereitzustellen (etwa einen eigenen Arbeitsplatz).
— Eltern überbewerten Schulnoten nicht …

Arbeits- und Lerntechniken in einem schülerzentrierten Konzept

In einem schülerzentrierten Lernkonzept wird das Lernen gelernt, indem man es tut. Dieses mehr *aktive, handelnde und selbständige Lernen* erfordert natürlich auch entsprechende *Arbeitstechniken* auf seiten der Schüler. Eine der Hauptaufgaben von Lehrer/innen wird demnach die Vermittlung geeigneter *Strategien des selbsttätigen Bildungserwerbs*. Sie müssen den Schülern zeigen, wie diese selbst Informationen beschaffen, notieren und weitergeben können. Hier nochmals einige Beispiele für Arbeitstechniken:

— Mit Nachschlagewerken umgehen können.
— Gezielte Naturbeobachtungen durchführen können.
— Stichwortartige Notizen anfertigen können.
— Informationen anschaulich und verständlich vortragen können u.v.a.m.

Auch wenn Eltern in dieser Richtung oft lernfördernde Maßnahmen setzen (etwa indem sie mit ihren Kindern die Natur beobachten), darf die Schule diese Arbeitstechniken nicht einfach voraussetzen. Es ist ihre Aufgabe, sie *gezielt zu vermitteln und einzuüben.* Der Aufbau solcher allgemeinen Fähigkeiten und Fertigkeiten ist ein mindestens so bedeutsamer *Bildungsauftrag* wie die Vermittlung fachlichen Wissens und Könnens.

Ein Teil solcher lernfördernder Maßnahmen von Lehrern kann und soll auch die *Vermittlung von Lerntechniken* zur ökonomischen Wiederholung, Übung und Prüfungsvorbereitung speziell *für die häusliche Lernarbeit* sein. Auch in einem schülerzentrierten Unterricht gibt es Lerninhalte, die „gepaukt" und geprüft werden müssen, man denke etwa an das Einprägen von Vokabeln. Lehrer fördern dann „Lernen lernen" etwa durch die Vermittlung von Lerntechniken wie z. B.:

— richtiges Einprägen von Vokabeln;
— lernpsychologisch fundierte Aufteilung von Lernstoffen;
— sinnvolle Gestaltung von Merktexten etc.

Allerdings nehmen im schülerzentrierten Unterricht solche „reproduktiven" Lerntechniken einen eher untergeordneten Stellenwert ein. Wo Schüler weitgehend selbständig lernen können, werden auch andere, *meist wesentlich sinnvollere Lern- und Prüfungsaufgaben* verlangt. An die Stelle mechanischen Übens oder Einprägens von Fakten tritt die mehr *eigenständige Auseinandersetzung mit Lerninhalten.* Bewertet wird beispielsweise nicht, ob sich ein Schüler die „Einwohnerzahlen europäischer Hauptstädte" auswendig merken kann. Ein Lehrer wird hier lebensbezogenere Leistungen verlangen, etwa: Europa in Umrissen skizzieren; die Lage der Hauptstädte mit Hilfe der Karte richtig eintragen; ungefähre Einwohnerzahlen aus den Angaben im Atlas selbst ermitteln …

Hausaufgaben oder Prüfungsvorbereitungen beziehen sich in einem schülerzentrierten Lernkonzept auf anregende und von den Schülern als bedeutsam erlebte Anforderungen, in denen mehr *produktive Arbeitstechniken* als reproduktive Lerntechniken erforderlich sind.

Beispiele:
— Befragungen von Personen durchführen;
— Beobachtungen in der Natur machen;
— partnerschaftlich Informationen über ein Sachgebiet sammeln und aufbereiten, sodaß es später den Mitschülern anschaulich vorgestellt werden kann …

1.3 Ein Lerntrainings–Programm für Schüler

Aus den bisherigen Ausführungen sollte deutlich geworden sein, daß ich einem Training von Lerntechniken im herkömmlichen Sinn – also mit Betonung von Fertigkeiten des Aufnehmens, Behaltens und Reproduzierens von Wissen – nur einen begrenzten Stellenwert zumesse. Dennoch scheint es mir aus mehreren Gründen sinnvoll, Schülern *Grundregeln ökonomischen Lernens* zu vermitteln, wie es im vorliegenden Trainingsprogramm auf vielfältige Art versucht wird.

Der erste Grund wurde bereits genannt: Auch in einem schülerzentrierten, an bedeutsamen Lernprozessen orientierten Unterricht gibt es Lernaufgaben, die am besten unter Anwendung bestimmter Lerngesetze und Lerntechniken ausgeführt werden sollten. Es entspricht dem Prinzip der Lernförderung, Schülern *durch Einübung derartiger Techniken und Strategien das Lernen zu erleichtern.*

Einen weiteren Grund für die Berechtigung eines Trainingsprogramms sehe ich bei nüchterner Betrachtung der Schulrealtiät. Es gibt im herkömmlichen Schulbetrieb kaum schülerzentrierte Lern- oder Prüfungsmethoden. Im Gegenteil: Vielfach werden Schüler über die Lernanforderungen diszipliniert, Noten dienen als Druckmittel, Prüfungsangst wird aufgebaut. Ich erachte es als sinnvoll, Schülern für ihre alltägliche Lernpraxis wenigstens einige *Hilfen anzubieten, damit sie die traditionellen schulischen Anforderungen ökonomisch bewältigen lernen.*

Dies ist umso dringlicher, als im Unterricht kaum einmal Lern- oder Arbeitstechniken mit den Schülern besprochen, geschweige denn intensiver eingeübt werden. Befragt man Schulabgänger, was sie in der Schule etwa über das Einprägen von Vokabeln oder über das Lernen von Merkstoffen erfahren haben, fällt das Ergebnis mager aus. Schüler müssen in der Regel derartige Lerntechniken – oft in einem mühevollen Prozeß von Versuch und Irrtum – selbst erwerben. Auch Eltern haben meist keine Informationen über günstige Lernstrategien. Es erscheint mir aus diesem Grund wichtig, ein Trainingsprogramm anzubieten, mit dem sich *Schüler alleine – oder mit Hilfe der Eltern – einen Grundstock an Lerntechniken aneignen können.*

„Zielbewußtes Üben"

Mit diesem Teil des Buchtitels möchte ich vor allem auf *drei Aspekte* hinweisen: Zunächst einmal geht es um zielbewußtes *„Üben".* Die häuslichen Lern- und Übungsaufgaben sowie die Prüfungsvorbereitungen sollen mit geeigneten Lerntechniken *zielstrebig und ökonomisch* erledigt werden können.

Ziel *„bewußtes"* Üben verweist darüber hinaus auch auf die Aufgabe, die Schüler zur bewußten Auseinandersetzung mit Lernprozessen anzuregen. Es geht darum, sich der eigenen (günstigen wie ungünstigen) Lernstrategien bewußt zu werden und danach entsprechend sinnvolle Lernmaßnahmen zu setzen. Im Sinne eines „Meta-Lernens" sollen die Schüler zum *Reflektieren über das eigene Denken* sowie zur *Steuerung und Selbstkontrolle beim Lernen* angeleitet werden (vgl. z. B. Kapitel 4.3).[8]

Unter diesem Aspekt können Lerntechniken auch zu Selbstbestimmung und Selbstverantwortung beitragen. Die Schüler können darin unterstützt werden, für ihr Lernen optimal zu sorgen und damit das eigene Können zu steigern. *Bewußtes Üben als Vervollkommnung des eigenen Könnens* wird auch im Bereich des sportlichen Trainings als bedeutsam anerkannt. In diesem Sinn – und nicht in dem eines konkurrenzorientierten Leistungssports – möchte ich daher auch die Vergleiche mit dem Sport in den einzelnen Kapiteln verstanden wissen.

Der dritte Aspekt bezieht sich auf *„ziel"*-bewußtes Üben. Dabei geht es darum, „die Schüler zur *Auseinandersetzung mit Zielen, Zielerreichung oder Zielabweichungen* anzuregen. Sie sollen dadurch bewußter erfassen, was Lernen mit ihrer Person zu tun hat und wie sie ihre Ziele besser verwirklichen können. Dazu werden auch *Vorstellungsübungen* in Verbindung mit *Entspannungsmethoden* eingesetzt, um den Zugang zum eigenen *kreativen Potential* und den eigenen *Fähigkeiten* zu erleichtern (bes. Kapitel 1.2, 2.3, 5.1 und 5.3).

Bei der Auseinandersetzung mit Zielen scheint mir allerdings Vorsicht geboten. Schüler haben oft die Vorstellungen der Eltern oder Schule so stark verinnerlicht, daß sie sich nur vermeintlich an ihren eigenen Zielen orientieren. Sie tendieren – im Sinne eines „heimlichen Lehrplans" – nur allzu leicht in die Richtung: „Ich möchte jeden Fehler vermeiden". Oder: „Ich möchte der Beste sein." Oder: „Ich möchte gute Noten nach Hause (!) bringen."

„Erfolgreiches Lernen"

Nun sind gute Noten in unserer Gesellschaft tatsächlich sehr wichtig. Vom erfolgreichen Abschluß der Schule hängen wesentliche Lebensentscheidungen ab. Dabei sollte es aber meines Erachtens nicht zu einseitigen Verkürzungen kommen. Gute Noten sind nicht das Wichtigste beim Lernen! *Erfolgreich lernen* – so der zweite Teil des Buchtitels – sollte vielmehr zur Frage anregen, wie weit Schüler sich selbst *im Lernen persönlich entfalten* konnten: Sind sie kompetenter, selbstbewußter oder selbständiger geworden? Haben sie Interessen entwickelt? Sind ihre Neugier und ihre Lernmotivation gewachsen? Konnten sie ihre eigenen Lernstrategien verbessern?

Auch bei sinnvoller sportlicher Betätigung geht es nicht in erster Linie um den „Sieg", sondern eher um Freude an der Bewegung und um Steigerung der persönlichen Leistung. Ähnlich sollte auch beim Lernen der *individuelle Lernzuwachs* mehr beachtet werden, weniger der Vergleich mit anderen. Auf diese Weise wird auch die Lernmotivation am günstigsten beeinflußt.

Die Einstellung zum Lernen wird sich natür-

lich auch günstig entwickeln, wenn Schüler positive Rückmeldungen durch gute Noten bekommen. Wenn sich ein Lerntraining in besseren Leistungen niederschlägt, trägt es damit auch zur Förderung von Lern- und Leistungsmotivation bei. Es darf jedoch nicht zu einem „Lerndrill" für Schüler führen, um noch mehr aus ihnen „herauszuholen". Von derartigen Zielsetzungen möchte ich mich deutlich abgrenzen.

Einführung in das Trainingsprogramm

Das Trainingsprogramm richtet sich in Sprache und Form direkt an Schülerinnen und Schüler. Nach meiner Erfahrung können sie *ab etwa 14 Jahren* damit weitgehend selbständig umgehen und nützliche Informationen daraus entnehmen. Jüngere Schüler brauchen in der Regel eine entsprechende *Erläuterung und Unterstützung durch Eltern oder Lehrer*. Für sie können einzelne Passagen zum Nachlesen angeboten werden.

Bei der Einführung des Programms darf die oben angedeutete Gefahr des „Lerndrills" nicht unterschätzt werden. Falsch verstandener Ehrgeiz der Eltern könnte zum Beispiel dazu führen, Zwang und Druck auf Kinder auszuüben, etwa: „Hier hast du ein Buch, damit du bessere Noten heimbringst." „Halte dich endlich an die Lernregeln aus dem Buch!"

Ein Lerntraining wird jedoch nur dann wirksam werden, wenn Schüler freiwillig mitarbeiten und den Zielsetzungen auch innerlich zustimmen. Das Wichtigste ist meines Erachtens, mit Kindern oder Jugendlichen überhaupt einmal *über ihre Lerngewohnheiten zu sprechen*. Auf diese Weise werden sie sich ihrer eigenen Lernstrategien bewußter und können sie mit Informationen aus dem Trainingsprogramm oder mit denen ihrer Mitschüler vergleichen. Sie sollten auch angeleitet werden, sich ihre bisherigen „Erfolgsstrategien" bewußt zu machen und gezielt auszubauen.

Man sollte aber auch damit rechnen, daß die angebotenen Informationen nicht immer in der erwünschten Weise umgesetzt werden. Dazu ist ein entsprechendes Interesse erforderlich, das oft erst aufgebaut werden muß. Schüler eignen sich auch im Laufe der Schulzeit *persönliche Lernstrategien* an, die sie meist nur ungern aufgeben. Möglicherweise haben sie die Erfahrung gemacht: „Ich habe auch genügend Erfolg mit der Art, wie ich bisher gelernt habe. Wenn ich es so mache, fühle ich mich sicher."

Wenn wir schülerzentriert denken, werden wir Schüler zunächst anregen, ihre eigenen Lernstrategien auszubauen und einzusetzen. *Anleitungen* für Lerntechniken sollten wir als *Angebot* betrachten, das sie selbst prüfen und für ihre Zwecke nützen können. Es geht daher auch nicht darum, das gesamte Programm „durchzuziehen", sondern eine *sinnvolle Auswahl* davon anzubieten.

Dabei halte ich es für wichtig, daß Lehrer oder Eltern diese Auswahl gezielt im Hinblick auf die Fragen und Probleme der Kinder vornehmen. Ein gewisses Maß an *persönlicher Auseinandersetzung und Eigenerfahrung* der Erzieher mit Lerntechniken scheint mir notwendig, um die Sinnhaftigkeit oder auch die Wirksamkeit einzelner Angebote für die jeweilige Situation abschätzen zu können. Dies gilt besonders für die Entspannungs- und Vorstellungsübungen, die

Eltern oder Lehrer vorher *unbedingt selbst erproben* sollten. Selbsterfahrung mit Entspannungsmethoden – etwa in Kursen der Volkshochschule – wird das Verständnis für den Wert sowie den Einsatz von Entspannungs- und Vorstellungsübungen vertiefen helfen.

Jede einzelne Lerntechnik erfordert neben der *Erläuterung* und *Erpobung* auch entsprechende *Einübung*. Man sollte den Schülern Zeit geben, mit einer Technik Erfahrungen zu sammeln, ehe eine weitere besprochen wird. Das Trainingsprogramm ist daher als *Angebot für einen längeren Zeitraum* gedacht.

Am sinnvollsten erscheint mir die Vermittlung und Einübung von Lerntechniken *direkt im Fachunterricht* der Schule. Wenn Lehrer nicht nur die fachlichen Lehrplanforderungen beachten, sondern auch den Auftrag zur Vermittlung von Lern- und Arbeitstechniken ernst nehmen, werden sie immer wieder während des normalen Unterrichts Situationen finden, in denen einige dieser Techniken erklärt, erprobt oder geübt werden.

Beispiele:
Eine Lehrerin läßt im Fach „Deutsch" beim Thema „Beschreibung" den eigenen Arbeitsplatz für das Lernen beschreiben. In der Folge bespricht sie Regeln für die Arbeitsplatzgestaltung.
Ein Englischlehrer übt im Unterricht das richtige Einprägen von Vokabeln und zeigt, wie Schüler selbst mittels Tonband ein Vokabeltraining erstellen können.
Ein Zeichenlehrer bietet die Vorstellungsübung „Lernfreude" an, in der sich Schüler an einen persönlichen Lernerfolg erinnern. Die auftauchenden Gefühle werden dann farblich umgesetzt und in einfühlender (nicht interpretierender) Weise besprochen.

Allerdings sieht es in der Praxis häufig so aus, daß „Lernen lernen" ausschließlich auf die häusliche Lernarbeit verlagert und das ganze Problem den Eltern überlassen wird. Eltern sollten meines Erachtens vermehrt diesen *Auftrag der Schule zur Vermittlung von Lern- und Arbeitstechniken* von Lehrern einfordern (etwa bei Elternabenden).

Dennoch scheint es mir auch sinnvoll, daß sich Eltern mit grundlegenden Lerntechniken auseinandersetzen, um *zu Hause förderliche Bedingungen* für ihre Kinder bereitzustellen. Dies beginnt bereits – wie hier im ersten Kapitel dargestellt – mit der Sorge um einen geeigneten Lernort für die Kinder. Mit Hilfe der Informationen des Buches können sie darüber hinaus immer wieder Anregungen (aber nicht Vorschreibungen) für eine effektive Gestaltung der Lernarbeit geben, etwa:

— wie Hausaufgaben richtig „portioniert" werden sollen;
— wie Lernpausen sinnvoll eingeplant werden können;
— wie Lernstoffe optimal wiederholt werden …

Grenzen des Trainingsprogramms

Betrachtet man Berichte über Lerntrainings, so zeigt sich, daß es einigen Aufwandes bedarf, wenn sich Erfolge einstellen sollen. In einschlägigen Untersuchungen wird etwa von Intensivkursen über mehrere Wochen berichtet, in denen meist geschulte Psychologen die Lerntechniken an Schüler vermitteln.[9] Von einem Trainingsprogramm in Buchform wird man daher keine „Wunder" erwarten können, sicher jedoch einige nützliche *Anregungen zur Verbesserung der Lernpraxis.*

Die Grenzen eines allgemeinen Trainingsprogramms liegen auch darin, daß die Bezüge zum Fachunterricht zu wenig aufgezeigt werden können. Dies können nur *Lehrer in ihrem Unterricht* selbst leisten bzw. Eltern in einer Aussprache klären.

Die entscheidende Begrenzung sehe ich aber in der *Persönlichkeit jedes einzelnen Schülers*. Was für den einen sinnvoll sein mag, ist für einen anderen möglicherweise abträglich! Eher sachbezogene Anregungen – zum Beispiel: „Lernstoffe immer aktiv, mit eigenen Worten wiederholen" – lassen sich noch relativ leicht allgemein übertragen. Schwierig wird es jedoch bei mehr persönlichkeitsbezogenen Lernhilfen, wie zum Beispiel: „Eine positive Lerneinstellung anregen". Hier können die Aussagen des Trainingsprogramms nur Richtungen andeuten, die von Lehrern oder Eltern näher abgeklärt werden müssen.

Dieses Lerntraining ersetzt auch nicht *gezielte individuelle Lernberatung*. Es kann daher m. E. nicht als Mittel angesehen werden, um *gravierende Lernprobleme* zu lösen. Dazu bedarf es der Zusammenarbeit der Eltern mit dem Lehrer, Betreuungslehrer oder Schulpsychologen.

Die hier aufgezeigten Lerntechniken werden erfahrungsgemäß vor allem dann wirksam werden, …

— wenn das Kind die passende Schule besucht;
— wenn der Unterricht angemessene Qualität aufweist;
— wenn in der Familie und in der Schule ein positives Klima für die kindliche Entwicklung gegeben ist.

1.4 Förderliche Haltungen von Erziehern

Diesen letztgenannten Aspekt eines *entwicklungsfördernden Lernklimas* möchte ich noch näher herausstellen. Generell scheint eine positive Atmosphäre in der Schule und im Elternhaus die entscheidende Bedingung für erfolgreiches Lernen zu sein. Wo eher *Druck, Zwang oder emotionale Kälte* vorherrschen, entstehen leicht Lernstörungen, die auch durch die besten Lerntechniken nicht kompensiert werden können. Nur in einer *entspannten, förderlichen Atmosphäre* werden Schüler ihr Leistungspotential voll ausschöpfen.

Nach *Carl R. Rogers* geht es beim Lernen in erster Linie um eine *positive Beziehung* zwischen Lehrer und Schülern bzw. Eltern und ihren Kindern. Gelernt wird seiner Ansicht nach nur dort in bedeutsamer Weise, wo sich die Lernenden *sicher* und in ihrer gesamten Person – unabhängig von ihrer Leistung – *angenommen fühlen*. Kinder und Jugendliche müssen auch spüren können, daß man *Vertrauen in ihre Entwicklungsfähigkeit* hat und ihnen *Eigenverantwortung* zugesteht.

Lernfördernde (oder auch lernhemmende) Haltungen werden dabei in ganz alltäglichen Situationen und Handlungen sichtbar. Es macht beispielsweise einen Unterschied in der Entwicklung der Leistungsmotivation aus, ob Schüler ständig mit anderen verglichen werden oder ob eher ihr *individueller Lernfortschritt* beachtet wird: „Mach schneller, alle anderen sind schon fertig!" „Du kannst das ‚A' noch immer nicht." Oder: „Heute hast du nur 15 Minuten gebraucht." „Dieses ‚A' ist dir besonders gut gelungen."

Im zweiten Fall werden Kinder wesentlich erfolgszuversichtlicher an die kommenden Lernarbeiten herangehen.

Als Grundlage dieses positiven, lernfördernden Klimas beschreibt *Rogers* drei *personzentrierte (oder schülerzentrierte) Haltungen*, die Erzieher möglichst konkret – entsprechend ihrer persönlichen Eigenart – umsetzen sollen: *Wertschätzung, einfühlendes Verstehen und Echtheit*.[10]

Wertschätzung

Diese personzentrierte Haltung bedeutet etwa folgendes: Ich achte und schätze Kinder oder Jugendliche als ganze Person, wende mich ihnen zu, gehe warm, sorgend, freundlich und herzlich mit ihnen um. Ich ermutige sie, vertraue ihnen, nehme sie ernst und überlasse ihnen auch Eigenverantwortung.

Wertschätzung bedeutet nicht, Schüler von „oben herab", etwas gönnerhaft zu behandeln. Die Zuwendung ist auch nicht an Bedingungen geknüpft (etwa an gute Noten). Wertschätzung heißt auch nicht, einen Konflikt mit „Nettigkeit" zuzudecken oder ihm auszuweichen. Vielmehr geht es darum, bei Uneinigkeit (etwa bezüglich Lernleistungen) auch die Andersartigkeit jedes einzelnen zu respektieren und ihn in seiner Einzigartigkeit anzunehmen.

Beispiele:
Eine Mutter hält ihrem Kind, das eine schlechte Note nach Hause gebracht hat, tröstend die Hand.
Eine Lehrerin traut Schülern zu, daß sie Lösungshilfen auf einem Arbeitsblatt nicht zum Schwindeln, sondern zur Selbstkontrolle nützen.
Ein Lehrer äußert seine Freude darüber, daß eine Schülerin nach langer Krankheit nun wieder in der Klasse ist …

Einfühlendes Verstehen

Diese personzentrierte Grundhaltung bedeutet: Ich bemühe mich, in der inneren Welt von Kindern oder Jugendlichen zentriert zu sein. Ich fühle mich in sie ein und versuche zu verstehen, wie es in ihnen aussieht. Ich möchte gleichsam die Welt mit „ihren Augen" sehen, um ihren Standpunkt und ihr gefühlsmäßiges Erleben besser zu verstehen.

Diese Art des Verstehens hat nichts mit Interpretieren oder Analysieren zu tun, sondern mit genauem Hinhören und Hinsehen. Ich bemühe mich um „aktives Zuhören", indem ich auf die Sichtweise des Partners eingehe und nicht von vornherein meine eigene Wertung herausstelle: „Aha, für dich ist das so …" Ich „schlüpfe in die Haut" des anderen, um zu spüren, wie er das fühlen und welche Bedeutung es für ihn haben könnte.

Beispiele:
Ein Vater äußert sein Verständnis, daß seine Tochter an Lerntechniken nicht interessiert ist, weil sie ganz andere Dinge im Kopf hat.
Eine Mutter versucht sich einzufühlen, wie ihrem Kind zumute ist, das eine schlechte Note erhalten hat, und sie äußert dies ohne Wertung: „Du bist jetzt enttäuscht, weil es wieder nicht geklappt hat."
Eine Lehrerin versucht den Standpunkt von Schülern zu verstehen, die sich über „unsinnige Hausaufgaben" beklagen …

Echtheit

Echtheit bedeutet als personzentrierte Grundhaltung: Ich bin als Erzieherin oder Erzieher möglichst in mir selbst zentriert. Ich weiß meist, was in mir vorgeht. Ich setze mich offen mit mir selbst auseinander. Ich bin mir vieler meiner Gefühle und körperlichen Reaktionen bewußt. Wenn es wichtig ist, dann teile ich auch mit, was mit mir los ist. Im Falle eines Konflikts mache ich das allerdings nicht beschuldigend, sondern zeige, daß ich selbst für meine (negativen) Gefühle verantwortlich bin („Ich-Botschaften").

Wenn ich echt bin, spiele ich Kindern und Jugendlichen auch nichts vor (z. B. sicherer tun als ich bin). Ich versuche, mehr „ich selbst" zu sein und mich nicht daran zu orientieren, wie „man" sein sollte (z. B. als Lehrer, als Vater oder Mutter darf „man" das nicht, muß „man" etwas so machen …).

Ich verstecke meine Gefühle nicht, sondern versuche, sie echt zu zeigen (etwa Freude, Traurigkeit oder Ärger). Ich lebe sie jedoch gegenüber anderen nicht in schädigender Weise aus. Ich versuche vielmehr, dem anderen offen und ehrlich mitzuteilen, was in mir vorgeht, was ich mir wünsche oder was ich befürchte.

Beispiele:
Eine Lehrerin zeigt den Schülern ihre Freude darüber, daß sie mit der Klasse in der letzten Zeit so gut zusammenarbeiten kann.
Ein Lehrer zeigt seine Betroffenheit darüber, daß die letzte Schularbeit so schlecht ausgefallen ist. Er beschuldigt dabei die Schüler nicht, sondern fragt sich offen, wie weit er selbst dran beteiligt sein könnte.
Eltern setzen sich offen damit auseinander, ob sie nicht aus Prestigedenken ihr Kind in die falsche Schule schicken …

Man kann diese personzentrierten Haltungen allerdings nicht „antrainieren" und sie auch nicht als Imperativ von sich oder anderen fordern.[11] Sie können jeweils nur aus uns selbst erwachsen, wenn wir uns in einen Prozeß der *inneren Entwicklung* einlassen. Der Besuch von Gesprächsgruppen oder auch Entspannungskursen kann dazu beitragen, daß diese förderlichen Haltungen in uns allmählich vertieft werden. Man lernt dabei vor allem einmal, *mit sich selbst personzentriert umzugehen.* Ich werde nämlich andere eher wertschätzen, sie verstehen und ihnen gegenüber echt sein …

— wenn ich mich selbst achte, annehme, schätze, freundlich mit mir umgehe;
— wenn ich mich in mich selbst einfühle, auf mein Inneres höre, Verständnis für mich selbst habe;
— wenn ich mit mir selbst offener, ehrlicher umgehe und mehr in mir zentriert bin als in den Forderungen und Normen anderer …

Aus einer personzentrierten Grundeinstellung heraus handeln Lehrer und Eltern erfahrungsgemäß *weniger lenkend, dirigierend oder einseitig vorschreibend.* Sie versuchen vielmehr, in ganz alltäglichen Situationen, Kindern und Jugendlichen *Sicherheit* zu vermitteln, ihnen *Eigenverantwortung* zuzugestehen und ihr *Selbstvertrauen* zu unterstützen. Diese positive Alltagspraxis scheint mir die wichtigste Basis für die Förderung von „Lernen lernen“. Die Vermittlung von Lerntechniken oder – wie im folgenden Kapitel – von Entspannungstechniken ist erst auf dieser Basis sinnvoll und gewinnbringend.

2. Entspannungstechniken zur Förderung des Lernens

Worum es also in erster Linie geht, ist eine *entspannte Lernatmosphäre* in der Schule wie in der Familie. Darüber hinaus stellen jedoch *Entspannungsübungen* ein wirksames Mittel dar, um bedeutungsvolles Lernen von Schülern zu fördern. „Lernen lernen“ bezieht sich in neuerer Sichtweise nicht nur auf den Erwerb von Arbeits- und Lerntechniken, sondern auch auf das *Einüben von Entspannungstechniken.* Dazu soll in der Folge noch einiges mehr gesagt werden, nachdem ein beträchtlicher Teil dieses Trainingsprogramms sowie die dazugehörige Tonkassette auf diesen Annahmen basieren.[12]

„Entspannung“ und „Lernen“ mag zunächst als Widerspruch erscheinen. Im alltäglichen Sprachgebrauch verbinden wir Lernen eher mit Begriffen wie „Konzentration“ und „Anstrengung“. Entspannung legt hingegen „Ruhe“ oder „Nichtstun“ nahe, Haltungen, die wir bestenfalls der Freizeit zuordnen. Was also hat Entspannung in einem Programm zum „Lernen lernen“ zu tun?

„Scholé“ bedeutete ursprünglich einmal soviel wie „Muße“. Die alten Griechen hatten offensichtlich noch eine andere Vorstellung von Lernen als wir. Nicht so sehr die angestrengte Denkerstirn, sondern eine gelassene, ja absichtslose Haltung scheint ihnen vorgeschwebt zu haben. „Schule heute“, so zeigt etwa *Johannes Riedl* auf, „jagt die Kinder, Schüler von einem Thema zum anderen, von einer kurzen Unterrichtseinheit zur anderen, von einem Test zum anderen, von einer Leistungsgruppe zur anderen – 56 Prozent der Österreicher meinen, Schulkinder seien überfordert.“[13]

Entspannungsübungen können dazu beitragen, die verlorengegangene Muße wieder in die Schule zu bringen. Sie helfen aber auch, andere Zielsetzungen beim Lernen zu unterstützen. Drei Bereiche werde ich in den nächsten Abschnitten herausstellen:

2.1 Streßbedingte Lern- hemmungen abbauen

Wenn wir uns gestreßt fühlen, verspannen wir uns leicht und sind auch in unserer Lern- fähigkeit eingeschränkt: Streß bewirkt eine *Denkblockade*. Die Leistungsfähigkeit der Gehirnzellen wird durch Streßhormone so beeinträchtigt, daß Informationen nicht mehr optimal verarbeitet werden können. Wahrscheinlich hat jeder schon einmal eine solche Denkblockade in einer Prüfungssitua- tion erlebt: Obwohl man alles gelernt hat, es will und will einem nicht einfallen! Der Prü- fungsstreß hemmt die Reproduktion des Gelernten. Die „normale" Leistungsfähigkeit wird nicht erreicht.

Schulstreß

Nun geraten Schüler leicht unter Druck und Streß, wenn sie die Schullaufbahn (ein ent- larvendes Wort!) erfolgreich absolvieren wollen. Neben dem aufgezeigten „Prüfungs- streß" gibt es z. B. in der Schule so etwas wie „Dichtestreß", wenn man einen ganzen Tag lang mit einer relativ großen Zahl von Perso- nen ohne entwicklungsgemäße Bewegungs- möglichkeit verbringen muß. *Frederic Vester* zeigt darüber hinaus auch auf, daß Streß bereits bei der Aufnahme eines Lernstoffes auftreten kann: Neue Informationen wirken bedrohlich, wenn sie nicht in einen vertrau- ten Zusammenhang eingebettet werden.[14]

Im Zusammenhang mit unserem Thema wird besonders die häusliche Situation von Bedeutung. Gedanken an *belastende Situa- tionen* (z. B. an die Bestrafung wegen einer schlechten Note) oder das *Gefühl der Über- forderung* (wenn etwa der Schultyp nicht der Begabung entspricht), können ebenfalls

Streß auslösen. In der Folge entsteht häufig ein Teufelskreis: Streß hemmt die Leistungs- fähigkeit, was weitere negative Konsequen- zen und damit neuen Streß nach sich zieht.

Welchen Ausweg gibt es in dieser Situation? Zunächst geht es auf der Seite der Erzieher darum, diesen Teufelskreis durch neuen Druck nicht zu verstärken, sondern durch *persönliche Zuwendung* möglichst gering zu halten. Wenn sich Kinder und Jugendliche *vertrauensvoll aussprechen* können, werden bereits Angst und Streß verringert. Weiter- führende Maßnahmen können dann in einer solchen offenen Atmosphäre sinnvoll über- legt werden (z. B. Überlegungen zu einer Aussprache mit dem Lehrer oder zu einem Schulwechsel).

„Entstressen"

Es geht also nicht darum, Schulangst oder Schulstreß nur als Symptom zu „bekämp- fen", sondern auch um Vermeidung oder Veränderung von unnötigen Streßsituationen (etwa durch sinnvolle Leistungsforderungen und humane Prüfungsbedingungen). Den- noch scheint es günstig, daß Schüler für bestimmte Situationen auch entsprechende *Techniken der Streßverringerung* erlernen. Als grundlegende Möglichkeiten der „Ent- stressung" empfehlen Psychologen vor allem *Bewegung und Entspannung*.

Wenn wir Kindern genügend Gelegenheit zu *Bewegung* geben – etwa durch einfaches Räkeln und Strecken im Unterricht oder durch genügend Möglichkeit zum Herumtol- len in der Freizeit – können die durch die Streßreaktion aufgestauten Energiereserven abgebaut werden. Die angespannten Mus- keln und Bänder werden gedehnt, Atmung und Kreislauf normalisieren sich.

Auch *Entspannungsmethoden* wie Autogenes Training oder Meditation tragen dazu bei, streßbedingte Reaktionen zu reduzieren. Indem dabei der parasympathische Teil des autonomen Nervensystems aktiviert wird, normalisiert sich der Herzschlag, werden Muskelverspannungen verringert, Gefäße erweitert und Gehirnstromaktivitäten harmonisiert. Wer regelmäßig Entspannung einübt, stabilisiert in sich ein Gegengewicht zu physiologischer Erregung: Entspannung und Streß können nicht gleichzeitig auftreten.

Einfache Entspannungstechniken

Wollen wir also *streßbedingte Lernhemmungen abbauen* helfen, so heißt das, Bewegungs- und Entspannungsübungen in den „Lernalltag" von Schülern zu integrieren. Es geht dabei zunächst einmal um *einfache Entspannungstechniken*, die ohne größere Vorbereitungen in der Schule oder zu Hause durchgeführt werden können:

— z. B. vor einem Test eine Vorstellungsübung zur Entspannung anbieten (etwa: Stelle dir vor, du liegst an einem warmen Sommertag im Gras …)
— z. B. nach einer Schularbeit eine Beruhigungsübung einschieben (etwa: Achte auf alle Geräusche, die du wahrnehmen kannst …)
— z. B. vor der Hausübung eine Bewegungsübung zur Aktivierung durchführen (etwa: Sich schütteln wie ein tropfnasser Hund …)

Im vorliegenden Trainingsprogramm werden in den Kapiteln 1.3 bis 2.2 sowie 6.3 solche einfachen Entspannungstechniken aufgezeigt. Auch auf der Tonkassette zum Buch werden bei jeder Übung Entspannungsanleitungen eingebaut (vgl. dazu den Anhang). Als Ziel wäre anzustreben, daß Schüler sich allmählich ohne Anleitung in belastenden Streßsituationen selbst entspannen können, etwa indem sie sich ein „Entspannungswort" vorsagen (z. B.: „Ruhe"; „loslassen" …) oder sich ein „Entspannungsbild" vorstellen (z. B.: Entspannt an einem angenehmen Ort sitzen). Ein Effekt wird allerdings nur erreicht werden, wenn die Schüler die Übungen einige Zeit regelmäßig im Unterricht oder zu Hause ausführen.

Nachdem es sich um einfache Entspannungstechniken handelt, sind keine besonderen Probleme bei der Einführung zu erwarten. Auf eine gewisse *Eigenerfahrung* der Erzieher mit Entspannungsmethoden wurde bereits hingewiesen. Zumindest sollte jede Übung vorher *selbst erprobt* werden, um einen sinnvollen Einsatz gewährleisten zu können.

Wichtig ist, daß die *Schüler selbst entscheiden* dürfen, wie weit sie sich auf Entspannungsmethoden einlassen. Sobald sie sich gezwungen, kontrolliert oder beobachtet fühlen, wird kaum ein positiver Effekt auftreten. Lehrer und Eltern sollten auch Verständnis dafür aufbringen, daß Schüler in diesen Übungen keinen Sinn sehen oder sie sogar verweigern. Eine entsprechende Information über den Stellenwert von Entspannungsübungen im Zusammenhang mit Lernen scheint unerläßlich. Am Anfang brauchen die meisten Schüler auch Zeit, bis sie sich auf Entspannungsübungen richtig einlassen. Am günstigsten dürfte es sein, wenn die Schüler die Entspannungsübungen in der Schule erlernen und dort auch angeregt werden, sie zu Hause zu erproben. Übungen auf Kassetten sind eine zusätzliche Hilfe, regelmäßige Entspannungsübungen zu machen.

2.2 Lernleistungen steigern

Entspannungsfördernde Methoden können demnach dazu beitragen, die „normale" Leistungsfähigkeit wieder herzustellen, wenn angst- oder streßbedingte Lernhemmungen aufgetreten sind. Darüber hinaus dürften Entspannungsübungen auch einen Zugang zu unerschlossenen Reserven des Gehirns ermöglichen und damit zur *Steigerung von Lernleistungen* beitragen.

Optimale Aktivierung

So wurde beispielsweise in den österreichischen Schulversuchen „Angewandte Lernpsychologie" von *Guttmann* und *Vanecek* das sogenannte *„Wiener Unterrichtsmodell"* entwickelt.[15] Hier werden Entspannungsübungen jeweils *vor der Informationsaufnahme* eingesetzt. Auf diese Weise soll im Gehirn ein optimales Aktivierungsniveau erzielt werden.

Am besten lernt man nach diesen Untersuchungen in einem Zustand *mittlerer Aktiviertheit*, also wenn man weder zu „schlaff" noch zu „aufgekratzt" ist. Um diesen *optimal lernbereiten Zustand* zu erreichen, wurde vor allem die progressive *Muskelentspannung* nach *Jacobson* eingesetzt. Dabei werden einzelne Muskelpartien (z. B. Oberarm) etwa fünf Sekunden lang *angespannt* und dann *losgelassen*. Das Hinausfließen der Spannung soll dabei ganz bewußt ausgekostet werden. Durch diesen Wechsel von Aktivierung und Desaktivierung schaukelt man sich in eine mittlere Aktivierungslage (vgl. dazu auch die Kapitel 2.2 und die Tonkassette, Seite A, Nr. 3). Diese isometrieähnlichen

Übungen wurden für die Schule auch kindgemäß abgewandelt, etwa in dieser Form:

— Drücke deine Hände fest zusammen, wie die Puffer eines Eisenbahnwaggons (ca. 5 Sekunden anhalten). Laß jetzt los. Spüre, wie sich alle Muskeln entspannen.
— Mache ein ganz „grimmiges" Gesicht, wie eine alte Hexe (Spannung ca. 5 Sekunden anhalten). Laß jetzt los, genieße die Entspannung im Gesicht.

Neben der erwähnten „Jacobson-Entspannungstechnik" wurden auch andere Möglichkeiten zur Steuerung des optimalen Aktivierungsniveaus am Beginn des Unterrichts erprobt (siehe dazu auch Kapitel 1.3 und 2.1 des Trainingsprogramms):

Hebung des Aktivierungsniveaus:
Bewegungsspiele und aktivierende Musik, zum Teil auch mit rhythmischer Bewegung (ähnlich dem bekannten „Kurzturnen").

Senkung des Aktivierungsniveaus:
Beruhigende Musik; Ruheübungen im Sinne des Autogenen Trainings (Ich bin ruhig und entspannt, mein Körper wird ganz schwer …); innerliches Mitzählen der Atemzüge in entspannter Haltung und die Erweckung angenehmer Vorstellungsbilder (z. B. an einem See sitzen und sich ausruhen).

Dieses „Wiener Unterrichtsmodell" berücksichtigt auch eine Reihe anderer Lerngesetze, wie sie hier im Trainingsprogramm beschrieben sind (vor allem Wiederholungslernen, Einschieben von „Lernpausen" etc.) Es wurde damit die Lernleistung der Schüler um etwa ein Drittel gesteigert, d. h. sie konnten sich rascher und nachhaltiger Wissensinhalte einprägen.

Die Erkenntnisse dieser Forschungen wurden auch auf das häusliche Lernen übertragen. In der Broschüre „Wir lernen lernen" des Unterrichtsministeriums gibt *G. Guttmann* eine Anleitung, wie sich Schüler vor dem Lernen mit der Jacobson-Technik entspannen und den Stoff lernpsychologisch richtig aufbereiten können.[16]

Superlearning

Anregungen für diese Lernforschungen gingen ursprünglich auf die *Suggestopädie* des Bulgaren *Georgi Losanow* zurück. Dieser hatte in den sechziger Jahren mit verschiedenen Methoden der „Suggestologie" experimentiert. Es geht dabei um ein Lernklima, in dem über *suggestive Methoden* psychische und physische Reserven erschlossen werden, die ungenutzt in uns schlummern. *Sylvia Pelke* schreibt dazu:

„Die Suggestologie revolutionierte unsere Auffassung vom bewußten Lernen und entwickelte Methoden, wie wir uns die 90 Prozent ungenutzter Hirnkapazität erschließen können, die durch Anstrengung, Pauken, Mühsal, ‚Schweiß' blockiert werden, sich jedoch eröffnen, wenn wir uns in gegenteilige Zustände versetzen: Entspannung, Gelöstheit, Wohlbefinden. Entscheidend beim Lernen sind Freude, Begeisterung, Faszination, Vertrauen in die eigenen Fähigkeiten. Das Geheimnis des Lernerfolges ist das Zulassen von Phantasie und Gefühlen beim Aufnehmen und Denken. Der Lernprozeß muß gleichzeitig logisches Denken, Vorstellungskraft, Emotionen und Motivation im Zusammenspiel fördern. Prozesse auf der logischen Ebene und der emotionalen Ebene laufen nicht nacheinander ab, sondern gleichzeitig."[17]

Der amerikanische „Ableger" der Suggestopädie ist das sogenannte *Superlearning*. Dabei nehmen die Schüler – entspannt in bequemen Sesseln liegend – bei beruhigender Barockmusik den Lernstoff auf, ehe sie ihn später aktiv in spielerischer Form weiterverarbeiten.

Sensationsberichte in den Medien, etwa „Lernen im Schlaf" und unglaubliche Leistungssteigerungen – angeblich bis zu 3000 Vokabeln an einem Tag erlernen! – lassen Suggestopädie und Superlearning aber etwas suspekt erscheinen. Seriösere Untersuchungen geben sich auch bescheidener und sprechen von einer *etwa dreifachen Leistungssteigerung* beim Einsatz von Superlearning-Methoden (meist in Sprachkursen).

Eine generelle Übertragung dieses Lernkonzepts auf schulisches Lernen scheint mir nicht möglich. Einige Elemente – besonders die „*Vorbereitungsphase*" – halte ich jedoch für unser Thema wichtig (vgl. dazu Kapitel 1.2 bis 2.2):

Körperliche Entspannung:
Übungen im Dehnen und Strecken (z. B. „Äpfel pflücken") sollen unnötige körperliche Spannungen abbauen und die Schüler für das Lernen „aufwärmen".

Mentale Entspannung:
Mentale (geistige) Entspannungsübungen in Verbindung mit Vorstellungsbildern sollen die Schüler von ihren momentanen Problemen lösen und sie für den Lernstoff aufnahmebereit machen. Durch gelenkte Phantasiereisen (z. B.:„Stell dir vor, du schwebst auf einer Wolke dahin …") oder durch Beobachtung des Atems soll eine innere, geistige Beruhigung erzielt werden.

Suggestive Vorbereitung:

Die Schüler sollen innerlich davon überzeugt sein, daß Lernen Freude machen und zum Erfolg führen kann. Es geht also bei Superlearning um den Aufbau einer positiven Erwartung. Negative Einstellungen zum Lernen und zur eigenen Leistungsfähigkeit (etwa durch „Lernbarrieren" wie: „Das schaffe ich nicht …") sollen zugunsten einer kindlich unbeschwerten Haltung abgebaut werden. Dies geschieht u.a. durch Erinnern von angenehmen Lernerlebnissen oder durch positive Formeln wie: „Ich schaffe es …" [18]

Besonders betont wird bei Superlearning auch *entspanntes Lernen in Verbindung mit klassischer Musik.* Dadurch sollen im Gehirn vermehrt „Alpha-Wellen" erzeugt werden, was anscheinend ebenfalls eine bessere Aufnahme des Lernstoffes bewirkt. Auch diese Anregung kann für den Schulalltag genützt werden. So zeigte sich etwa in einer kleinen Untersuchung an einer Hauptschule, daß die Fehlerquote in einem Rechtschreibtest um etwa ein Drittel abnahm, nachdem man den Schülern vorher einige Minuten lang klassische Musik vorgespielt hatte.[19]

Phantasie und Kreativität

Zu den Lerntechniken, die im Superlearning verwendet werden, gehört auch das sogenannte *„Imagery-learning".* Es bedeutet soviel wie „bildliches Lernen" und meint, daß man phantasievolle *Vorstellungsbilder* mit einem (fachlichen) Thema verbindet. So können wir z. B. Schüler anleiten, sich entspannt hinzusetzen und den Handlungsablauf eines Gedichtes oder eines Diktat-Textes wie einen Film innerlich ablaufen zu lassen. Auf diese Weise werden die Inhalte leichter im Gedächtnis behalten.

Ähnliches gilt für das Merken der Rechtschreibung bei einzelnen Wörtern. Die Schüler können sich etwa die beiden „aa" im Wort „Turnsaal" besser merken, wenn sie sich dazu ein Bild einfallen lassen, etwa: Ich stelle mir das Wort „Turns**aal**" geschrieben vor, wobei die beiden „aa" zwei Ringe darstellen, auf denen jemand turnt. Je mehr man solche Bilder zu „Vorstellungs-Comics" ausschmückt, desto nachhaltiger werden sie eingeprägt. (z. B. zwei Affen auf den beiden „**aa**-Ringen" im Wort „Turns**aal**" schaukeln lassen).

Auf diese Weise werden anscheinend andere Regionen im Gehirn einbezogen. Nach Erkenntnissen der Gehirnforschung dürfte die *linke Hälfte unseres Gehirns* mehr für die logisch-rationale Bewältigung der Welt zuständig sein. Sie hilft uns, die Erfahrungen zu ordnen, zu analysieren und zu kategorisieren. Die *rechte Hemisphäre* hingegen ermöglicht den Zugang zum Weltverständnis über Bilder, Phantasien und kreatives Tun. Wir erkennen mit ihr die Beziehung der Teile zueinander und die Vernetzung der Dinge und Ereignisse.[20]

Auch wenn nach neuesten Erkenntnissen diese Trennung der Aufgaben im Gehirn nicht so eindeutig ist, gilt nach wie vor: Wir nützen unser Lernpotential nur dann voll aus, wenn wir Methoden verwenden, die auch Gefühl, Phantasie, Sinnlichkeit und Kreativität ansprechen. Im herkömmlichen Unterricht wird vorwiegend sprachlich gelernt. Wir vernachlässigen aber dabei die Erkenntnisweisen und Verankerungsmöglichkeiten anderer Gehirnbereiche. Neuere Lernmethoden versuchen nun, die verbale *und* bildliche, die rationale *und* intuitive

Seite des Gehirns anzusprechen. Phantasiereisen, aber auch Gedichte, Malerei, Rollenspiele oder andere *kreative Methoden* können ein Sachthema nicht nur motivational beleben, sondern tragen auch dazu bei, daß der Inhalt vielfältiger „verankert" wird. So werden etwa im Kapitel 3.1 die Schüler angehalten, sich bequem hinzusetzen und in entspanntem Zustand Bilder zum Lernstoff auftauchen zu lassen. Sie erleben sich dann beispielsweise in Geschichte als Person in einer mittelalterlichen Stadt. Diese Identifikation kann zu einem nachhaltigeren Erfassen und besseren Behalten des Lernstoffes führen. Ähnliches gilt auch für die kreative Umsetzung des Themas, etwa wenn die Schüler sich körperlich identifizieren und sie eine historische Person selbst im Rollenspiel darstellen. Auf diese Weise wird auch eine lustbetonte und entspannte Lernatmosphäre unterstützt.

2.3 Persönlichkeitsentwicklung fördern

In den bisher genannten Lernkonzepten dient Entspannung vor allem dazu, fachliche Lernleistungen zu optimieren. Entspannungsübungen können aber auch unter anderen Zielsetzungen gesehen werden. In der *Gestaltpädagogik* werden etwa Phantasiereisen in entspanntem Zustand mit dem Ziel einer umfassenden *Persönlichkeitsentwicklung* eingesetzt. Die auftauchenden inneren Bilder ermöglichen den Schülern neben der *Sacherfahrung* immer auch ein Stück *Selbsterfahrung*, wie zum Beispiel hier bei der Behandlung des Schöpfungsberichtes im Religionsunterricht:

„Setzt euch so bequem wie möglich auf einen Stuhl … Entspannt euch, schließt eure Augen … Achtet auf euren Atem … Ihr steigt in einen Zug, der euch weit fortbringt … Jetzt hält der Zug und ihr steigt aus. Ihr steht auf einer Wiese … Ihr geht über die Wiese zu einem Tor … Das Tor öffnet ihr und geht hinein … Ihr seid jetzt in eurem Paradies …Schaut euch genau um und achtet darauf, was ihr seht und mit wem ihr hier seid … Wenn ihr lange genug in eurem Paradies wart, geht zur Pforte zurück … Geht wieder hindurch … Schließt sie von außen und geht über die Wiese zurück zum Zug … Der Zug bringt euch wieder hierher zurück … Öffnet langsam die Augen und schaut euch um, wo ihr seid." [21]

Ganzheitliches Lernen

Wenn Lernen bedeutungsvoll für Schüler werden soll, müssen sie als *ganze Person* – in ihren kognitiven, emotionalen und auch körperlichen Aspekten – angesprochen werden. Schon vor mehr als zweihundert Jahren hat Johann Heinrich Pestalozzi eine „allseitige Menschenbildung" gefordert, die *„Kopf, Herz und Hand"* umfassen müßte. Intellekt, Gefühl und Körperlichkeit gehören als Einheit wesensmäßig zum Menschen. Wo das Gefühlsleben keinen Platz mehr hat und der Körper lediglich als Transporteur eines vollzustopfenden Kopfes angesehen wird, erziehen wir ein Zerrbild des Menschen.

Die Lehrpläne der österreichischen Schulen gehen in ihren allgemeinen Bestimmungen und Zielformulierungen auf diese notwendige Integration aller menschlichen Seinsbereiche ein, etwa wenn sie für die Hauptschule und allgemeinbildende höhere Schule eine

Bildung fordern, „die den ganzen Menschen umfaßt, seine intellektuellen und musischen Fähigkeiten ebenso wie seine Gefühlskräfte und körperlichen Anlagen einschließlich einer ethischen Bildung ...und an der Entwicklung der gesamten Persönlichkeit mitwirkt." [22]

Darüber hinaus führen derartige Methoden, speziell Vorstellungsübungen in entspanntem Zustand, zur *Integration des Gelernten in die gesamte Persönlichkeit* und zu einem vertieften Verständnis der Zusammenhänge. Wenn Schüler beispielsweise in einer Phantasiereise zum Thema „Französische Revolution" sich selbst sehen (Wo stehe ich? Laufe ich mit? Welche Gefühle habe ich?), bekommen sie einen persönlichen und lebendigen Bezug zu diesem Thema.

Wir bekommen über den „Verstand" alleine nicht die richtige Perspektive für unsere Stellung in der Welt. Den Beweis dafür liefern die konkreten – beinahe schon alltäglichen – Auswüchse unseres sogenannten „rationalen" Denkens: Vergiftung der Luft, des Wassers und der Böden, verschwenderischer Umgang mit Rohstoffen, Bedrohung durch zivile und militärische Atomkraft. All das sind Auswirkungen eines einseitigen Gebrauchs unserer geistigen Kräfte. Dazu *Frederic Vester* in seinem Buch „Neuland des Denkens": „Es ist daher ein Unding, wenn wir glauben, daß sich die Erkenntnis unserer Welt und eine vernünftige Handhabung unserer Mittel lediglich mit den paar Neuronen unseres kognitiv-logischen Bereichs bewerkstelligen ließe. Sie kann es nicht und sie darf es nicht. Deshalb müssen wir, nachdem wir jenen kognitiven Bereich und seine Logik so großartig entwickelt haben, auch die anderen, mehr unbewußten Gehirnpar-

tien der Mustererkennung, der bildhaft und analog arbeitenden Bereiche, der emotionalen und intuitiven Vorgänge und damit den Gesamtorganismus wieder in unser Denken und Handeln einbeziehen." [23]

Meditativer leben

Entspannungsübungen können den Schülern auch den Zugang zur *meditativen und spirituellen Dimension* des Lebens eröffnen. Sie leisten damit einen Beitrag gegen die seelische Verarmung in unserer Zeit. Der bekannte Hamburger Psychologe *Reinhard Tausch* zählt Entspannungsangebote zu den förderlichen, nicht-dirigierenden Aktivitäten von Lehrern und Eltern, die nach seinen Erfahrungen das Lernen und die persönliche Entwicklung von Schülern in hohem Ausmaß unterstützen:

„Meditation, Atemübungen, Vorstellungsübungen im entspannten Zustand können die seelische Gesundheit erheblich fördern. Sie fördern die innere Ruhe und Entspannung, lassen uns die Bedeutung von Ereignissen besser für uns selbst sehen. Wenn wir für uns selbst sorgen, werden wir dies des öfteren allein machen. Aber wir können es auch in der Familie machen, etwa eine Meditationsübung am Abend, im Urlaub oder eine Entspannungs- und Vorstellungsübung nach einer Tonkassette. Und wenn wir als Lehrer einmal am Tag oder auch in fast jeder Unterrichtsstunde 1 bis 5 Minuten lang derartige Übungen im Klassenraum mit unseren Schülern gemeinsam machen, so fördern wir die seelische Gesundheit von uns und unseren Schülern. Wir ermöglichen es den Schülern, mehr in sich selbst zentriert zu sein. Und falls die Zeit zu knapp sein sollte: Auch nur eine Minute lang das Bewußtsein auf die eigene Atmung zu zentrieren ist hilfreich. Diese Übungen sind nicht Selbstzweck. Sie können wesentlich dazu beitragen, daß wir meditativer in unserem Alltag leben, mit einem größeren Bewußtsein für das, was wir in jedem Moment fühlen und tun. Die Auswirkungen für das seelische und soziale Klima in einer Schule würden enorm sein, wenn Lehrer in ihren Klassen kurze Zeit diese Übungen machten und selbst mehr meditativ leben würden."[24]

Es geht beim „Lernen lernen" also nicht nur um Leistungssteigerung, sondern auch um jene Muße, die für jedes menschliche Tun eine Voraussetzung ist. Entspannungsübungen können hier helfen, *innere Ausgeglichenheit* bei Schülern zu fördern und einer schädlichen „Lernhektik" entgegenzuwirken.

Förderung des Selbstbewußtseins

Darüber hinaus könnte „Lernen lernen" auch bedeuten, eine gewisse „Distanz" zu den Anforderungen eines einseitig an kognitiver Leistung orientierten Schulsystems zu gewinnen und sich nicht gänzlich von ihren „Lernzwängen" vereinnahmen zu lassen. Wir können mit *Else Müller* begründet annehmen, daß Kinder und Jugendliche sich durch Entspannung (sie bezieht sich hier allerdings auf längere Kurse mit „Autogenem Training"-AT) in ihrer Persönlichkeit stabilisieren:

„Sie liefern sich dem allgemeinen Streß weniger aus als ihre Mitschüler. Sie lassen sich vom Leistungsdruck und -zwang nicht ‚fertigmachen'. Sie lassen sich ihre Identität nicht von einer Notengebung in Frage stellen. Sie bleiben sie ‚selbst'. Sie werden nicht zum ‚Produkt' von Noten und Leistungsnachweisen, an denen sich nur zu oft auch

die Anerkennung und Liebe ihrer Eltern orientiert." Und schließlich weist sie auch auf die mögliche „politische Dimension" eines Entspannungsprogramms hin, die meist übersehen wird: „Ich erlebe immer wieder, daß die Jugendlichen aus den AT-Gruppen über mehr Selbstbewußtsein verfügen, daß sie in die Lage versetzt worden sind, das Gefühl der Ohnmacht der Institution Schule gegenüber zu verlieren. Sie lernen, ihre Interessen engagierter zu vertreten. Sie setzen sich zur Wehr bei zu hohen elterlichen Forderungen. Sie werden konfliktfähiger, da sie sich ihrer ‚selbst bewußt' werden. Sie lernen zu erkennen, wer sie sind und was sie wollen. Ihre Selbstsicherheit wächst durch ihre Erfahrung und ihr Wissen, daß sie in der Lage sind, sich mehr ‚selbstbestimmen' zu können. Sie entwickeln mehr Phantasie, um ihre eigene Zukunft selbstverantwortlich ‚mit-zubestimmen'." [25]

Wenngleich diese Aussagen nicht empirisch abgesichert sind und auch das vorliegende Trainingsprogramm keine gezielte Einführung in eine Entspannungstechnik darstellt, so wird doch die Richtung aufgezeigt, in die Entspannungsübungen führen können: Nicht zur besseren Erfüllung von vorgegebenen Zielen, sondern zur Förderung der Selbstbestimmungsfähigkeit von Schülern.

Positives Denken

In diesem Sinn sollten auch die Vorstellungsübungen zu den verschiedenen Kapiteln gesehen werden. Die Schüler werden hier angeleitet, sich in einen entspannten Zustand zu versetzen und innere Bilder zu verschiedenen Situationen auftauchen zu lassen, etwa zu einem persönlich bedeutsamen Lernerlebnis, zu einem erwünschten positiven Zielzustand oder zu einer Erfolgs- bzw. Problemsituation (vgl. Kapitel 1.2, 2.3, 5.1, 5.3 und 6.3).

Es scheint so zu sein, daß positive Erinnerungen oder Zukunftsvorstellungen tatsächlich eine positive Wirkung auf die Zielerreichung haben. Ebenso kann eine positive Auseinandersetzung mit bedrohlichen Situationen in der Phantasie (z. B. mit Prüfungen) zu einer angstfreieren Betrachtung in der Realität führen.

Die Übungen orientieren sich an verschiedenen psychologischen Ansätzen, wie etwa der kognitiven Verhaltensmodifikation, der Psychosynthese oder dem Neurolinguistischen Programmieren (NLP).[26] Im Bereich des Sports sind derartige Techniken auch als *mentales Training* bekannt. Sportler stellen sich geistig (mental) die optimalen Bewegungen und ihre „Idealform" vor, was einen günstigen Effekt auf die tatsächliche Ausführung der Leistung haben kann.[27]

Ähnlich können sich Schüler einen *erwünschten Zielzustand bildlich und auch gefühlsmäßig vorstell*en – also etwa „Angstfreiheit bei einer Prüfung" oder „konzentriertes Arbeiten". Wenn sie diese positive Sichtweise innerlich bejahen, können sie dadurch lernhemmende Barrieren abbauen, vorausgesetzt, sie haben tatsächlich auch den geforderten Stoff gelernt (vgl. bes. Kapitel 2.3).

Wiederum sind diese Lerntechniken auf dem Hintergrund eines *positiven Erziehungsklimas* zu sehen. Eltern und Lehrer bieten zunächst einmal durch ihre *positive und zuversichtliche Einstellung* zu den Dingen und Ereignissen des Lebens eine förderliche

Grundbedingung für das Lernen. Wenn Kinder die Welt in hellen Farben sehen lernen, wird sie ihnen auch freundlicher erscheinen. Das stärkt ihr *Grundvertrauen*, das für positive Leistungen eine Grundvoraussetzung darstellt.

„Vom Geist des Übens "

Es mag nun der Eindruck entstanden sein, daß es beim „Lernen lernen" ausschließlich darum ginge, das Üben „schmackhafter", „motivierender" oder „effizienter" zu machen. Es gibt aber auch eine andere Sichtweise, auf die ich bereits kurz hingewiesen habe: *Die Freude am Üben*. Dies mag nun für den Leser ungewohnt oder auch ironisch klingen, und ich bin bei diesem Thema auch sehr vorsichtig. Nur allzuleicht könnte Schülern vordergründig diese Freude eingeredet oder als moralischer Appell aufgezwungen werden.

Aber mit *O. F. Bollnow* gilt es zu erkennen, „daß die Übung von den ersten Tagen der Kindheit bis hinein ins höchste Alter, wesensmäßig und lebenslang in einer Weise zum Menschen gehört, daß er nur in beständiger Übung sein eigenstes Wesen erfüllen kann." Es geht ihm hier – wie es etwa in den Traditionen Japans lebendig ist – um ein Verständnis, „bei dem Übungen nicht nur dem Erwerb eines jeweils bestimmten Könnens dienen, sondern zugleich eine innere Wandlung im Menschen bewirken: den Durchbruch durch die Zerstreutheit des Alltagslebens in der gesammelten Hingabe an das Tun. Sobald dies gelingt, hat die Übung ihren subalternen Charakter verloren. Sie wird zu einem den Menschen tief beglückenden Tun." [28] Daß dies auch für die Schule Bedeutung hat, zeigt sich etwa in der

Montessori-Pädagogik, wo wir bereits bei Vorschulkindern eine natürliche, fast „meditative" Übungshaltung beobachten können. Dieses *Lernen als Hingabe an eine Sache* und als *persönliche Herausforderung* zur Auseinandersetzung mit einem Gegenstand scheint mir auch in der Schule förderungswürdig. Für den interessierten Leser möchte ich dazu zur Anregung und Vertiefung zwei Bücher nennen, die mich in dieser Auffassung persönlich stark beeinflußt haben: „Zen in der Kunst des Bogenschießens" von *Eugen Herrigel* und „Der Alltag als Übung" von *Karlfried Graf Dürckheim*.

Zielbewußt üben – erfolgreich lernen

Mit diesen Gedanken möchte ich an den Anfang zurückkehren und auch abschließen: *Zielbewußtes Üben* wird in diesem Trainingsprogramm unter der Perspektive leitender Bildungsziele wie „Selbstentfaltung" oder „Selbstbestimmungsfähigkeit" gesehen. Es geht um *persönlich bedeutsame Ziele*, nicht um bloß äußere Anpassung der Schüler an schulische Ansprüche.

Erfolgreiches Lernen erschöpft sich nicht darin, möglichst gute Noten zu erreichen – wenngleich dies ein wichtiges Ziel in unserer Gesellschaft ist. Erfolgreich lernen bedeutet hier vielmehr, *das eigene Lernen in die Hand nehmen können*, es selbstbewußt, verantwortungsvoll und kreativ zu organisieren und sich im Lernen und auch Üben selbst zu verwirklichen. Dies ist ein hoher Anspruch, der nur in einem guten Unterricht und bei entsprechender elterlicher Fürsorge erfüllbar ist. Das vorliegende Trainingsprogramm kann dazu allerdings einen unterstützenden Beitrag leisten.

Anmerkungen

[1] So etwa in der Broschüre des Schulservice im österreichischen Unterrichtsministerium: „Wir lernen lernen" von Guttmann (o.J.).

[2] Vgl. etwa die mit einem Stern * als empfehlenswert gekennzeichneten Bücher im Literaturverzeichnis.

[3] Rainer, 1980, 128.

[4] Rogers, 1988, 115f.

[5] Vgl. z. B. Lehrplan der Hauptschule, 1985, 229.

[6] Rainer, 1981, 171.

[7] Vgl. Rogers, 1988; Tausch/Tausch, 1977; Teml, 1983.

[8] Vgl. z. B. Bönsch, 1986; Weinert/Kluwe, 1984.

[9] Vgl. z. B. Gilg, 1987.

[10] Vgl. Rogers, 1988; auch Gordon, 1972 und 1977.

[11] Vgl. Wagner 1987.

[12] Vgl. dazu Teml, 1987; dort auch nähere Literaturangaben zum folgenden Text.

[13] Riedl, 1987, 5.

[14] Vgl. Vester, 1984.

[15] Vanecek, 1982; vgl. auch etwa Bauer, 1987; Wurnig 1988.

[16] Guttmann, o.J.

[17] Pelke, 1984, 17.

[18] Etwa Ostrander/Schroeder, 1982; Dhority, 1986; Maier/Weber, 1988.

[19] Dorfer, 1987.

[20] Vgl. Ornstein, 1976; Rico, 1984.

[21] Aus Petzold/Brown, 1977, 158; vgl. auch Burow u.a., 1987.

[22] Lehrplan der Hauptschule, 1985, 22.

[23] Vester, 1983, 473.

[24] Tausch, 1983, 112.

[25] Müller, 1984, 12.

[26] Vgl. etwa Meichenbaum, 1979; Assagioli, 1978; Bandler/Grinder, 1988; sehr gut zusammengefaßt in Schachl, 1989; kritisch zu überzogenen Erwartungen positiven Denkens etwa Tönnies, 1988, Lauster, 1989.

[27] Vgl. Porter/Foster 1987.

[28] Bollnow, 1978, 19 u. einleitende Zusammenfassung.

Literaturverzeichnis

Die Kennzeichnung mit einem Stern * verweist auf weitere praxisorientierte Trainingsmaterialien.

Achterberg, J.: Die heilende Kraft der Imagination. Bern: Scherz 1987.

* Arbeitsgemeinschaft Lernmethodik: So macht Lernen Spaß. Praktische Lerntips für Schüler. Weinheim u. Basel: Beltz 1982 (5. Aufl.).

Assagioli, R.: Handbuch der Psychosynthesis. Freiburg i. B.: Aurum Verlag 1978.

Bandler, R. / Grinder, J.: Neue Wege der Kurzzeit-Therapie. Neurolinguistische Programme. Paderborn: Junfermann 1988 (7. Aufl.)

* Bärenthaler, H.: Schulkurzturnen. Wien: Bundesministerium für Unterricht, Kunst und Sport, Schulservice, o.J.

Bauer, E.: Das Wiener Unterrichtsmodell an der AHS-Oberstufe in Mathematik. In: Psychologie in Erziehung und Unterricht, 2/1987, 137–144.

Bernstein, D. A.. / Borkovec, Th. D.: Entspannungs-Training. Handbuch der progressiven Muskelentspannung. München: Pfeiffer 1975.

Biermann, G.: Autogenes Training mit Kindern und Jugendlichen. München u. Basel: Reinhardt 1978 (2. Aufl.).

Boden, L.M.: Meditative Methoden in der Pädagogik. In: Fittkau, B. (Hg.), 1983, 564 – 583.

Bohse-Wagner, N./Strittmatter,P.: Angst in der Schule – Bericht über eine Interventionsstudie. In: Unterrichtswissenschaft 3/86, 232-253.

Bollnow, O. F.: Vom Geist des Übens. Rückbesinnung auf elementare didaktische Erfahrung. Freiburg i. B.: Herder 1978

Bönsch, M.: Schüler aktivieren. Hannover: Hahnsche Buchhandlung 1986.

Brenn, H.: Superlernmethode Superlearning. In: Erziehung und Unterricht, 8/86, 582-592.

Brown, G. I./Petzold, H. G. (Hg.): Gefühl und Aktion. Frankfurt: Flach KG 1978.

Burow, O. A., Quitmann, H., Rubeau, M. P.: Gestaltpädagogik in der Praxis. Salzburg: Otto Müller Verlag 1987.

Buzan, T.: Kopftraining. Anleitung zum kreativen Denken. München: Goldmann 1984.

Ceh, J.: Prüfungsangst überwinden. Entspannt und ohne Streß meistern Sie jede Prüfung. Landsberg a. Lech: Moderne Verlags-Gesellschaft 1984.

Dennison, P. E.: Befreite Bahnen. Freiburg i. B.: Verlag für angewandte Kinesiologie 1987.

Dhority, L.: Moderne Suggestopädie. Bremen: PLS Psychologische Lernsysteme Verlagsgesellschaft 1986.

Dorfer, W.: Superlearning – ein Weg zum „sanften Lernen". Hausarbeit an der Pädagogischen Akademie der Diözese Linz, 1987.

Dürckheim, K. Graf: Meditieren – wozu und wie. Freiburg: Herder 1976.

Dürckheim, K. Graf: Der Alltag als Übung. Bern: Huber 1980 (6. Aufl.).

* Eberlein, G.: Autogenes Training mit Kindern. Düsseldorf: Exon 1976.

Edwards, B.: Garantiert zeichnen lernen. Reinbek b. H.: Rowohlt 1982.

* Endres, W.: Mit Kniff und Pfiff. Kleine Lernmethodik ab 9 Jahren. Weinheim u. Basel: Beltz 1982.

* Endres, W.: Das Anti-Pauk-Buch. Lerntricks für Schüler. Weinheim u. Basel: Beltz 1986.

* Endres, W. / Ortlieb, H.: Meine beste Lernmethode. Lerncassette mit Übungsbuch als Hausaufgabenhilfe. Weinheim u. Basel: Beltz 1985.

Fatzer, G.: Ganzheitliches Lernen. Paderborn: Junfermann 1987.

Fittkau, B. (Hg.): Pädagogisch-psychologische Hilfen für Erziehung, Unterricht und Beratung. Bd. 1 und 2. Braunschweig: Agentur Pedersen 1983.

Gendlin, E.T.: Focusing. Salzburg: O. Müller 1978.

Gilg, W.: Konzentrationssteigerung durch verbesserte Selbstkontrolle. In: Pädagogische Impulse, 3/87, 54–56.

Glaser, B.: Üben und Anwenden. Lernpsychologische Aspekte. In: Pädagogische Welt 1/88, 27–29.

Grell, J. u. M.: Unterrichtsrezepte. München: Urban & Schwarzenberg 1979.

Gordon, Th.: Familienkonferenz. Hamburg: Hoffmann u. Campe 1972.

Gordon, Th.: Lehrer-Schüler-Konferenz. Hamburg: Hoffmann u. Campe 1977.

* Guttmann, G.: Wir lernen lernen. Herausgegeben vom Bundesministerium für Unterricht, Kunst und Sport, Schulservice, Wien o. J.

Harnisch, G.: Schulstreß. Düsseldorf: Schwann 1984.

Herrigel, E.: Zen in der Kunst des Bogenschießens. München: Barth 1979.

* Hülshoff, F. / Kaldewey, R.: Training. Rationeller lernen und arbeiten. Stuttgart: Klett 1985 (7. Aufl.).

Houston, J.: Der mögliche Mensch. Handbuch zur Entwicklung des menschlichen Potentials. Basel: Sphinx 1984.

Janson-Michl, C.: Gestalten – Erleben – Handeln. München: Pfeiffer 1980.

Jegge, J.: Angst macht krumm. Reinbek b. H.: Rowohlt 1983.

Joerger, K.: Lernanreize. Königstein/Ts: Scriptor 1980.

Joerger, K.: Einführung in die Lernpsychologie. Freiburg i. B.: Herder 1987 (12. Aufl.).

* Johnson, S. / Johnson, C.: Der 01-Minuten-Lehrer. Landsberg a. Lech: Moderne-Verlagsgesellschaft 1987.

* Keller, G.: Lernen will gelernt sein. Quelle u. Meyer: Heidelberg 1986 (2. Aufl.).

Kemmler, R.: Autogenes Training für Kinder, Jugendliche und Erwachsene. München: Bardtenschlager 1975.

Kirckhoff, M.: Mind Mapping. Die Synthese von sprachlichem und bildhaftem Denken. Berlin: Synchron Verlag 1988.

Kluwe, R. H.: Kontrolle eigenen Denkens im Unterricht. In: Treiber/Weinert (Hg.) 1982, 113–133.

Kröner, B. u.a.: Einsatz verschiedener Programme des Autogenen Trainings bei Prüfungsangst. In: Zeitschrift für klin. Psychologie, 3/82, 254–266.

* Kugemann, W. F.: Kopfarbeit mit Köpfchen. München: Pfeiffer 1974 (10. Aufl.).

Lauster, P.: Der Sinn des Lebens. Düsseldorf: Econ 1989.

Lehrplan der Hauptschule. Vollständige Ausgabe 1. Stand 31. März 1985. Wien: Österreichischer Bundesverlag/Jugend und Volk: Wien 1985.

Lehrplan der Volksschule. Stand September 1987. Wien: Österreichischer Bundesverlag/Jugend und Volk: Wien 1987 (3. Aufl.).

* Maier, Chr./Weber, M.: Erfolg durch Superlearning. München: Heyne 1988 (2. Aufl.).

Mazany, R.: Schulung von Lerntechniken im Deutschunterricht. Hausarbeit an der Pädagogischen Akademie der Diözese Linz, Linz 1988.

Meichenbaum, D. W.: Kognitive Verhaltensmodifikation. München/Wien/Baltimore: Urban & Schwarzenberg 1979.

Miller, R.: Lehrer lernen. Ein pädagogisches Arbeitsbuch für Lehreranwärter, Referendare, Lehrer und Lehrergruppen. Weinheim u. Basel: Beltz 1986.

Mittermair, F.: Körpererfahrung und Körperkontakt. München: Kösel 1986.

Müller, E.: Du spürst unter deinen Füßen das Gras. Autogenes Training in Phantasie- und Märchenreisen. Vorlesegeschichten. Frankfurt a. M.: Fischer 1983.

* Müller, E.: Hilfe gegen Schulstreß. Reinbek b. Hamburg: Rowohlt 1984.

* Müller, E.: Auf der Silberlichtstraße des Mondes. Autogenes Training mit Märchen zum Entspannen und Träumen. Frankfurt a. M.: Fischer 1985.

Neber, H.: Selbstgesteuertes Lernen. In: Treiber/Weinert (Hg.), 1982, 89–112.

Neuwirth, E.: u. a.: Deutsch 4. Sprachbuch für die 8. Schulstufe. Linz: Veritas 1988.

Oerter, R.: Erfolgssicherung durch Übung und Wiederholung aus psychologischer Sicht. In: Pädagogische Welt 1/88, 22–26.

Ornstein, R.: Die Psychologie des Bewußtseins. Frankfurt :Fischer 1976.

Ostrander, S. u. N. / Schroeder, L.: Leichter lernen ohne Streß. Superlearning. Die revolutionäre Lernmethode. Bern u. München: Scherz 1982, als Goldmann TB Nr.11318.

Pelke, S. E.: Sanftes Lernen. Superlearning und andere moderne Lernmethoden. Bremen: PLS/Hinkelmann 1984.

Petzold, H. G./Brown, G. (Hg.): Gestaltpädagogik. Konzepte der Integrativen Erziehung. München: Pfeiffer 1977.

Porter, K. / Foster, J.: Mentales Training. Der moderne Weg zur sportlichen Leistung. München: BLV-Verlagsgesellschaft 1987.

Rainer, W.: Lernen lernen. Ein Bildungsauftrag der Schule. Paderborn: Schöningh 1981.

Restak, R. M.: Geist, Gehirn und Psyche. Frankfurt: Umschau Verlag 1981.

* Richter, W. / Pieritz, R.: Keine Angst vor Klassenarbeiten. Ein Übungsprogramm mit Tonkassette. Weinheim u. Basel: Beltz 1983.

Rico, G. L.: Garantiert schreiben lernen. Reinbek b. H.: Rowohlt 1984.

Riedl, J.: Kaktusfliegen. Plädoyer für eine neue Wertorientierung der österreichischen Schule. In: Oberösterreichische Schulblätter, Februar 1987, 5–6.

Rogers, C. R.: Lernen in Freiheit. Frankfurt: Fischer 1988.

Rozmann, D.: Mit Kindern meditieren. Frankfurt: Fischer 1979.

Sauter, F. (Hg.): Psychotherapie der Schule. München: Kösel 1983.

Schachl, H.: Entspannt lernen. In: Oberösterreichische Schulblätter, Februar 1989, 14–16.

Schachl, H.: Lernen ohne Angst. Bundesministerium für Unterricht und Kunst, Schulservice, Wien o. J.

Schlottke, P. F./Wahl, D.: Streß und Entspannung im Unterricht. Trainingshilfen für Lehrer mit Tonkassette. München: Hueber 1983.

Schmidt, W.: Gedächtnispsychologische Erkenntnisse. Ihre Bedeutung für die Unterrichts- und Erziehungsarbeit. In: Pädagogische Welt, 1/88, 30–38.

* Schulz v. Thun, F.: Verständlich informieren und schreiben. Freiburg: Herder 1975 (5. Aufl.).

Schulz v. Thun, F.: Miteinander reden. Störungen und Klärungen. Reinbek b. H.: Rowohlt 1981.

Schwäbisch, L./Siems, M.: Selbstentfaltung durch Meditation. Reinbek b. H.: Rowohlt 1987.

* Sedlak, F: Stopp den Lernproblemen. Wien: Österreichischer Bundesverlag 1978.

* Sedlak, F./Schuch, B.: Schach der Angst. Methoden zur Bewältigung von Ängsten bei Kindern und Jugendlichen. Wien: Österreichischer Bundesverlag 1982.

Sedlak, F.: Lernen kann jeder lernen. Wien: Österreichischer Bundesverlag 1984.

Sedlak, F.: Lernen positiv. 100 Lerntips für die Praxis. Wien: Österreichischer Bundesverlag 1987.

Singer, K.: Maßstäbe für eine humane Schule. Frankfurt: Fischer 1981.

* Speichert, H.: Richtig üben macht den Meister. Reinbek bei Hamburg: Rowohlt 1985.

Steiner, G.: Lernen. 20 Szenarien aus dem Alltag. Bern: Huber 1988.

Tausch, R. u. A.: Erziehungspsychologie. Begegnung von Person zu Person. Göttingen: Hogrefe 1977 (8. Aufl.).

Tausch, R.: Personzentriertes Zusammenleben in Schulen. In: Sauter 1983, 82–115.

Tausch, R.: Welches Lernen in der Fortbildung ist für mich als Lehrer und Dozent bedeutsam und beeinflußt das Lernen meiner Schüler? In: Erziehung und Unterricht, 9/84, 650–664.

Teml, H.: Unterricht gestalten – Lernen fördern. Materialien zum schülerzentrierten Unterricht. Linz: Veritas 1983.

Teml, H.: Das Lernen lernen. In: Pädagogische Impulse, 4/83, 11–15.

* Teml, H.: Entspannt lernen. Streßabbau, Lernförderung und ganzheitliche Erziehung. Linz: Veritas 1987.

Tepperwein, K.: Die „Kunst" des mühelosen Lernens. Genf: Ariston Verlag 1983.

Tönnies, Sven: Positives Denken: Wo bleibt das Negative?. In: psychologie heute, 11/88, 22–28.

Treiber, B. / Weinert, F. E. (Hg.): Lehr- Lern – Forschung. München/Wien/Baltimore: Urban & Schwarzenberg 1982.

Vanecek, E.: Angewandte Lernpsychologie im Unterrichtsgeschehen. Ein Schulversuch in Zusammenarbeit des Instituts für Psychologie der Universität Wien und des Ludwig-Boltzmann-Instituts für Lernforschung. Wien 1982.

Vester, F.: Neuland des Denkens. München: dtv 1986 (4. Aufl.).

Vester, F.: Biologisch sinnvolle Didaktik. In: WPB 6/84, 302–304.

Vif, E.: Das Lerngenie. Ein Lerntechnik-Leitfaden für Lernende ab 10. Innsbruck: Pädagogisches Institut des Landes Tirol o. J.

Wagner, A.C. (Hg.) Schülerzentrierter Unterricht. München: Urban & Schwarzenberg 1982 (2. Aufl.).

Wagner, A.C.: Schülerzentrierter Unterricht. Über die psychologischen Schwierigkeiten, guten Unterricht zu machen. In: Gesellschaft für wissenschaftliche Gesprächspsychotherapie e.V. (GwG) (Hg.): Rogers und die Pädagogik. Weinheim u. München: Juventa 1987, 13–78.

Warga, Claire: Wir sind, was wir denken. In: psychologie heute, 11/88, 29–32.

Wittern, O./Tausch, A.: Persönliche Beeinträchtigungen von Lehrern in ihrem beruflichen und privaten Leben. In: Psychologie in Erziehung und Unterricht, 6/80, 321–326.

Weinert, F. (Hg.): Pädagogische Psychologie. Köln/Berlin: Kiepenheuer & Witsch 1972.

Weinert, F. E./Kluwe, R. H. (Hg.): Metakognition, Motivation und Lernen. Stuttgart: Kohlhammer 1984.

Windels, J.: Eutonie mit Kindern. München: Kösel 1984.

Wurnig, O.: Bericht über den Schulversuch „Angewandte Lernpsychologie" im Mathematikunterricht der Unterstufe AHS. In: Unser Weg, 1/88, 22–25.

Zdenek, M.: Die Entdeckung des rechten Gehirns. Berlin: Synchron Verlag 1988.

Anhang

Anleitungen für Entspannungs- und Vorstellungsübungen

Die hier angebotenen Entspannungs- und Vorstellungsübungen ergänzen die entsprechenden Kapitel im Text. Sie führen in ein *ganzheitliches Erleben* der jeweiligen Situation und vertiefen damit die Lernerfahrungen. Gleichzeitig wird körperliche und geistige Entspannung in verschiedenster Form eingeübt.

Die Texte der Übungen sind auch – in Verbindung mit entspannender Musik – auf der *Tonkassette zum Buch* enthalten. Diese Kassette kann gesondert im Buchhandel oder direkt im VERITAS-VERLAG bestellt werden:

VERITAS
Hafenstraße 1–3
A-4020 LINZ

Allgemeine Hinweise

Die Entspannungs- und Vorstellungsübungen können von Eltern oder Lehrern *vorgelesen* oder (auch von Schülern selbst) auf Kassette gesprochen werden. Günstig ist dabei die Verwendung von meditativer *Hintergrundmusik*. Geeignete Musikstücke bzw. Platten sind u.a.:

Johann Pachelbel: Kanon in D
Johann Sebastian Bach: Air
Mantras (H. Bauer Verlag)
Kitaro: Silk Road; Silver Cloud
Deuter: Cicada; Celebration

Stimme und Sprechtempo sollten entspannend wirken. An den mit Punkten angeführten Stellen (...) gehören jeweils *Pausen* von etwa fünf bis zehn Sekunden (nach einem Absatz noch etwas länger). Insgesamt dauert eine Vorstellungsübung rund zehn Minuten. Eine Abstimmung auf die jeweilige Situation ist günstig (z. B. bei der Übung „Positive Zielvorstellung" auf ein aktuelles Ziel eingehen, das für diese/n Schüler/in geeignet ist).

Bedingung für den Einsatz ist eine *entspannte Atmosphäre*, frei von bestimmten Erwartungen. Anfangs werden derartige Übungen oft als fremd empfunden; viele Schüler hören sich aber nach einiger Erfahrung einzelne Übungen gerne mehrmals an, was den Effekt vertieft.

Vor dem Einsatz sollte das jeweilige Kapitel im Buch *gelesen oder besprochen* werden, um den Stellenwert der Übung richtig einordnen sowie entsprechende Informationen umsetzen zu können.

Die Vorstellungsübungen sind jeweils in *drei Teile* gegliedert:
1. Entspannungsanleitung
2. „Phantasiereise"
3. Rückführung

Text für Entspannungsanleitung:

Setze oder lege dich entspannt hin ... (jeweils fünf bis zehn Sekunden Pause ...). Schließe deine Augen ... Mache es dir noch ein wenig bequemer ...

Dein Atem geht ruhig und gleichmäßig …
Bei jedem Ausatmen sagst du innerlich ein
„Entspannungswort", etwa Ruhe, entspan-
nen, loslassen …

Du spürst, wie du hier sitzt oder liegst …
und wie sich dabei die Entspannung allmählich ausbreitet …, im Gesicht …, in den
Schultern …, den Armen und Händen … Du
wirst immer ruhiger … Die Spannung weicht
aus deinem Bauch …, aus den Beinen …,
aus den Füßen … Du bist entspannt …,
gelöst …, gelassen …

Text zur Rückführung:

Nun kommst du langsam …, in deinem
Tempo …, wieder hierher zurück … Du
bewegst deine Finger …, atmest etwas tiefer
ein und aus … Du dehnst und räkelst dich
… und öffnest deine Augen … Du fühlst
dich erfrischt und ausgeruht, als wärest du
gerade aufgewacht ….

Hinweise zur Auswertung:

Nach der Übung ist es sinnvoll, die *Erfahrungen aufzuarbeiten.* Günstig kann das
Zeichnen in gegenständlicher oder symboli-
scher Form sein. Beim Aufschreiben oder
Erzählen ist die Darstellung in „Ich-Form"
und in der Gegenwart am besten (z. B.: Ich
gehe auf den Baum zu, er zieht mich richtig
an …).

Bei der Besprechung ist *einfühlendes, verste-
hendes Zuhören* wichtig. Es gibt hier kein
„Richtig" oder „Falsch". Jede Art von Druck
oder „Erfolgszwang" muß vermieden werden.

Lernfreude

Kapitel 1.2: Lerneinstellung
Kassette, Seite A, Nr. 1

Entspannungsanleitung laut Text Seite 121f.

In deiner Phantasie siehst du Bilder von dir
selbst …, Bilder aus deiner Erinnerung …,
Bilder von angenehmen und freudigen Lernerlebnissen … Vielleicht damals, als du ein
richtiges Erfolgsgefühl hattest …, als du
etwas voll Stolz zeigen konntest …, als dir
etwas Wichtiges klar wurde …

Du siehst ein Bild genauer an …, es zeigt
dich selbst …, damals, als du dieses positive
Lernerlebnis hattest … Das Bild wird klarer
und deutlicher … Achte darauf, was du tust
…, was du hören kannst … Du siehst dich
ganz deutlich …, und du spürst, daß du alles
gut und richtig machst …

Genieße dieses Gefühl, daß du etwas gelernt
hast …, daß du etwas kannst … Es ist vielleicht ein Gefühl von Freude …, Kraft …,
Selbstvertrauen … Alles gelingt ganz leicht
und natürlich … Du bist stolz auf dich, daß
du etwas gelernt hast und etwas kannst …

Du spürst ganz deutlich dieses positive
Gefühl von damals …, nimmst es heute wieder wahr, während du hier sitzt oder liegst
… Du kannst diese positive Lernerinnerung
hierher in diesen Raum mitnehmen … Sie
kann dir auch heute Kraft und Energie für
das Lernen geben …

Und nun kehrst du von diesem Ausflug in
deine Vergangenheit zurück …

Rückführung laut nebenstehendem Text.

Innere Beruhigung

Kapitel 2.1: Beruhigung
Kassette, Seite A, Nr. 2

Entspannungsanleitung laut Text Seite 121f.

Während du hier so sitzt oder liegst, taucht ein inneres Bild auf … Du bist an einem wunderschönen See … Bäume wiegen sich sanft im Wind … Vor dir das glitzernde Wasser … Ruhe und Frieden geht von diesem Bild aus …

Du siehst ein kleines Ruderboot, angebunden an einem Steg … Du steigst ein …, machst es dir bequem … Du spürst das sanfte Schaukeln des Bootes …, auf und ab …, auf und ab … Dein Atem geht ruhig und gleichmäßig …, ein und aus …, ein und aus …

Die Sonne scheint angenehm warm auf deine Haut … Du hörst die Wellen, wie sie leicht am Ufer anschlagen … riechst die würzige Luft … Du bist ganz entspannt, gelöst, ruhig …

Der Wind umspielt sanft dein Haar … Du fühlst dich wohl … Du blickst in den strahlend blauen Himmel … Eine kleine Wolke zieht am Horizont entlang …

Dein Atem geht ruhig und gleichmäßig … Mit jedem Atemzug strömt Frische und Energie in dich ein … Du spürst deutlich, wie du hier sitzt oder liegst …, und gleichzeitig nimmst du diese Frische und Energie auf … Du nimmst sie mit in diesen Raum hier …, bekommst neue Kraft für das Lernen …

Rückführung laut Text Seite 122.

Muskelentspannung

Kapitel 2.2: Optimale Spannung
Kassette, Seite A, Nr. 3

Hinweis: Die Vorübungen in Kapitel 2.2 auf Seite 26 zuerst durchmachen.

Wenn wir unsere Muskeln anspannen und dann wieder entspannen, aktivieren wir uns richtig für das Lernen.

Setze dich gerade auf deinen Sessel … Die Arme liegen locker auf den Oberschenkeln …, der Kopf hängt leicht nach vor … Beide Füße stehen mit der ganzen Fläche auf dem Boden … Schließe deine Augen …

Balle nun beide Hände zur Faust. Spanne die Muskeln der Hände und der Arme fest an, ohne zu verkrampfen. Halte die Spannung durch – (… insgesamt etwa fünf Sekunden anspannen …) – und jetzt entspannen. Richtig lockerlassen, die Muskeln werden ganz weich …, die Spannung fließt aus den Armen, Händen und Fingern …

Und nochmals: Beide Hände fest zur Faust ballen, die Spannung in beiden Armen spüren – die Muskeln sind ganz fest (… insgesamt etwa fünf Sekunden anspannen …) – und loslassen. Die Hände auf die Oberschenkel legen, alle Spannungen hinauslassen … Du atmest gleichmäßig ein und aus … Mit jedem Atemzug entspannst du dich mehr und mehr …

Wir kommen nun zum Gesicht. Mach ein ganz finsteres Gesicht, runzle die Stirn, presse die Lippen aufeinander, beiße die Zähne zusammen. Du hältst diese Spannung an – (… insgesamt etwa fünf Sekunden anspannen …) – und läßt nun los. Die Spannung weicht aus dem Gesicht …, alles ist locker und entspannt … Stirn, Augen, Wangen, Lippen, Zunge … Du genießt das Gefühl der Entspannung … Bei jedem Ausatmen wird die Entspannung tiefer und tiefer …

Wir gehen nun in den Hals und in die Schultern. Senke das Kinn auf die Brust, zieh es fest hinunter, sodaß die Muskeln im Nacken ganz angespannt sind. Nimm die Spannung wahr – (… insgesamt etwa fünf Sekunden anspannen …) – und jetzt loslassen. Die Spannung weicht aus den Muskeln …, angenehm …

Presse deine Schulterblätter hinten zusammen, sie berühren sich fast, der Rücken wird ganz hart – (… insgesamt etwa fünf Sekunden anspannen …) – und loslassen, die Schulterblätter sinken lassen … Die Entspannung breitet sich immer mehr aus …, locker, gelöst, gelassen …

Nun nehmen wir die Brust und Bauchmuskeln dran. Laß deine Hände ruhig liegen, spanne die Muskeln in der Brust und im Bauch kräftig an. Du spürst jeden Muskel – (… insgesamt etwa fünf Sekunden anspannen …) – und läßt nun los. Die Spannung entweicht … Du atmest ruhig und gleichmäßig …

Wir kommen nun zu den Beinen. Drücke deine Füße fest gegen den Boden, spanne die Oberschenkel, die Unterschenkel, die Zehen. Halte die Spannung – (… insgesamt etwa fünf Sekunden …) – und laß los. Beine und Füße werden locker, entspannt, weich … Du atmest ruhig und gleichmäßig … Bei jedem Ausatmen sagst du dir innerlich ein persönliches „Entspannungswort" vor, etwa: ruhig, entspannt, gelöst …

Nun kommst du langsam wieder aus der Entspannung zurück.

Rückführung laut Text Seite 122.

Positive Zielvorstellung

Kapitel 2.3: Vorstellungskraft
Kassette, Seite A, Nr. 4

Entspannungsanleitung laut Text Seite 121f.

Vor deinen Augen taucht ein mächtiger Baum inmitten einer weiten Wiesenlandschaft auf … Weit streckt er seine Äste und Zweige in alle Richtungen … Wie von einem Zauber fühlst du dich von diesem Baum angezogen … Du kommst näher …, siehst seinen starken Stamm, das schützende Blätterdach … Du setzt dich nieder, lehnst dich an den Baum … Du hörst das leise Rascheln der Blätter …, Vogelgezwitscher … Du ruhst dich aus …, entspannst dich …

Du denkst an dein Ziel, das du dir vorgenommen hast … Du weißt, was du tun mußt, um es zu erreichen … Du siehst, wie du genau das Richtige machst …, wie du deinem Ziel näherkommst … Du merkst, daß du in dir alle Fähigkeiten hast, um dein Ziel zu erreichen … Alles geht wie von selbst …, mühelos … Du spürst ganz deutlich: So komme ich an mein Ziel …

Achte darauf, wie du dich bewegst …, was du sagst oder denkst … Du gibst dein Bestes … Du merkst, wie deine Fähigkeiten in dir wachsen … Du spürst deutlich dieses Gefühl in deinem ganzen Körper … So ist es möglich, das Ziel zu erreichen …

Du hast dein Ziel erreicht … Stelle dir ganz deutlich vor, wie du aussiehst, wenn du dein Ziel erreicht hast … Wie fühlt es sich an, wenn du am Ziel bist …? Was tust oder sagst du, wenn du es geschafft hast? …

Du merkst nun wieder, daß du hier unter einem Baum ausruhst … Du spürst, daß dir

dieser Baum die Kraft gibt, dein Ziel zu erreichen ... Du stehst auf, glücklich und zufrieden gehst du weg ... Hinter dir steht der
Baum ..., vor dir liegt dein Ziel ..., in dir
spürst du, wie alle Fähigkeiten wachsen, die
du für dein Ziel brauchst ...

Du spürst deutlich deine Fähigkeiten ..., und
gleichzeitig merkst du auch, wie du hier sitzt
oder liegst ...

Rückführung laut Text Seite 122.

Vorstellungsbilder

Kapitel 3.1: Lernkanal „Sehen"
Kassette, Seite B, Nr. 1

Vorbemerkung:
Bei dieser Vorstellungsübung ist eine
Abstimmung des Textes auf den Lernstoff
günstig (z. B. konkret auf Bilder aus dem
Arbeitsbuch eingehen).

Entspannungsanleitung laut Text Seite 121f.

Du sitzt oder liegst hier ganz entspannt ...,
und in dir taucht das Bild einer Schultafel auf
... Auf der Tafel steht die Überschrift zu deinem heutigen Lernstoff ... Nun erscheint zu
diesem Lernstoff ein Bild ..., undeutlich
zuerst, dann immer klarer ... Du siehst
genau hin ..., betrachtest Farben und Formen ...

Du gehst näher heran ..., beobachtest verschiedene Einzelheiten ... Achte darauf, ob
du etwas hören kannst ... Vielleicht kannst
du etwas riechen ... Möglicherweise bewegt
sich etwas in deinem Bild, genau so wie in
einem Film ... Welches Gefühl taucht beim
Zusehen auf? ...

Wörter fallen dir ein ..., Wörter oder Sätze,
die zu diesem Lernstoff und zu diesen Bildern passen ..., oder es erscheinen Zahlen
... Zeichnungen ..., Skizzen ...

Wenn du Lust hast, kannst du in deiner
Phantasie diese Bilder, Wörter oder Zahlen
weiter verändern ... Vielleicht steigst du
auch mitten in ein Bild hinein ..., ver-
wandelst dich und erlebst alles ganz direkt
mit ...

Du merkst, daß du jetzt den Lernstoff ganz
neu erlebst ... Es ist interessant, das Gelernte
in der Phantasie wahrzunehmen ... Du
spürst ganz deutlich, wie du jetzt alles besser
verstehst ..., wie du in den Lernstoff eindrin-
gen kannst ... , wie du dir alles viel leichter
merkst ...

Rückführung laut Text Seite 122.

Selbstanerkennung

Kapitel 5.1: Selbstanerkennung
Kassette, Seite B, Nr. 2

Entspannungsanleitung laut Text Seite 121f.

Wenn wir etwas gut und richtig gemacht
haben, können wir auf uns stolz sein. Wir
sollten uns dann loben, uns auf die Schulter
klopfen und uns selbst Anerkennung schen-
ken. Bevor du nun die Kassette weiterspielst,
denke kurz nach, wofür du dich heute loben
und anerkennen könntest.

Setze oder lege dich nun entspannt hin ...
(jeweils fünf bis zehn Sekunden Pause ...).
Schließe deine Augen ... Mache es dir noch
ein wenig bequemer ...

Dein Atem geht ruhig und gleichmäßig … Bei jedem Ausatmen sagst du innerlich ein „Entspannungswort", etwa Ruhe, entspannen, loslassen …

Während du hier sitzt oder liegst, taucht in deiner Phantasie eine wunderschöne Almwiese auf … Du wanderst langsam bergauf … Strahlend blauer Himmel …, die Sonne scheint warm auf deine Haut …, ein sanfter Wind kühlt deine Stirn …

Dein Ziel ist der Gipfel des Berges vor dir … Der Weg führt in engen Windungen hinauf … Schritt für Schritt gehst du voran … Eine anstrengende Bergwanderung …, aber du willst durchhalten …, möchtest dein Ziel erreichen … Nun bist du bald am Gipfel … Geschafft! Du hast dein Ziel erreicht … Du setzt dich nieder und genießt den wunderschönen Ausblick … Weite …, Ruhe …, Stille …, in dir ein herrliches Gefühl …

Du spürst deutlich die Freude über deinen Erfolg … Du klopfst dir selbst auf die Schulter …, bist stolz auf deine Leistung … …

Du erinnerst dich, daß du schon oft etwas gut und richtig gemacht hast … Ein Bild taucht auf …, damals, als dir etwas gelungen ist …, als du ein Ziel erreicht hast …, als du Erfolg gehabt hast …

Du siehst ganz deutlich, wie es damals war …, spürst dieses angenehme Gefühl, das sich bei diesen Bildern einstellt … Du sagst zu dir selbst: „Das habe ich gut gemacht … Ich kann mich loben … Ich nehme mich wichtig … Ich mag mich selbst" …

Dir wird bewußt, daß du hier sitzt oder liegst …, und daß du gleichzeitig dieses Gefühl von damals wahrnimmst … Du kannst dieses Erfolgsgefühl hierher in den Raum mitnehmen …

Rückführung laut Text Seite 122.

Problemklärung

Kapitel 5.3: Problemklärung
Kassette, Seite B, Nr. 3

Entspannungsanleitung laut Text Seite 121f.

Du sitzt oder liegst hier in diesem Raum …, und in deiner Phantasie wanderst du durch einen Wald … Ein herrlicher Tag …, die Sonne scheint durch die Bäume …, Vögel zwitschern … Du genießt die frische Waldluft … Die Markierung auf den Bäumen zeigt dir, wo der Weg weiterführt … Schritt für Schritt gehst du deinem Ziel entgegen …

Doch allmählich merkst du: Hier stimmt etwas nicht … Wo ist der der richtige Weg? … Felsbrocken liegen herum …, keine Markierung ist zu sehen …! Wo geht es hier weiter? … Verwirrt läufst du herum …, suchst einen Ausweg … Die Gedanken schwirren durch deinen Kopf …

Da sagst du zu dir selbst: Halt! So will ich nicht weitermachen! Ich lasse mich nicht entmutigen …! Ich setze mich hin …, atme tief durch …, entspanne mich …, werde ruhig … Wenn ich ruhig und gelassen bleibe, kann ich eine Lösung finden …

Du atmest ruhig und gleichmäßig …, und du merkst, wie du dich dabei beruhigst und entspannst … Dein Problem ist ein Stück weggerückt …, dein Kopf wird klarer …

Und mit einem Mal fällt dein Blick auf eine Stelle, die du vorher nicht beachtet hast …

Da ist die Markierung! Hier geht es weiter …! Du faßt neuen Mut …, gehst Schritt für Schritt voran … Der Weg wird breiter …, eine Wiese taucht auf …, in der Ferne siehst du Häuser …

Die Schwierigkeiten sind überwunden … Während du hier sitzt oder liegst, spürst du deutlich, wie dir Ruhe und Gelassenheit geholfen haben … Du bist jetzt wieder auf dem richtigen Weg … Du gehst voll Selbstvertrauen weiter …

Rückführung laut Text Seite 122.

Streßabbau

Kapitel 6.3: Streßabbau
Kassette, Seite B, Nr. 4

Vorbemerkung:
Die Abstimmung auf eine spezielle Prüfungssituation (z. B. Mathematik-Arbeit in einer bestimmten Klasse) ist günstig. Überdies sollten die bedrohlichen Gedanken zur Prüfung offen besprochen und realistisch betrachtet werden.

Entspannungsanleitung laut Text Seite 121f.

Du atmest ruhig und gleichmäßig … Der Atem kommt und geht von selbst, ein und aus …, ein und aus …

Deine Bauchdecke hebt und senkt sich im Rhythmus deines Atems …, ganz von selbst …, auf und ab …, auf und ab …

Beobachte, wie dein Atem durch die Nase einströmt …, ein leichter Luftzug …, wie der Atem hinunter wandert …, in die Brust …, in den Bauch …, beruhigend …, entspannend …

Dein Atem strömt ganz von selbst hinaus …, aus dem Bauch …, aus der Brust …, aus der Nase …, ein angenehmes Gefühl im Körper …

Spüre nun in den Bauch- und Brustraum hinein …, suche dort eine Stelle, an der du dich besonders wohlfühlst … Genieße diesen Platz in dir selbst … Du machst dir selbst bewußt: „Hier an diesem Platz fühle ich mich ganz geborgen …, geschützt …, ruhig …, zuversichtlich … Dieser Platz in mir gibt mir Sicherheit und Selbstvertrauen" …

In deiner Phantasie taucht deine Schulklasse auf … Noch ist Pause …, aber bald beginnt die Prüfung … Du beobachtest alles um dich herum …, nimmst Geräusche wahr …, Bewegungen …, Gefühle …

Du setzt dich nun ganz bewußt auf deinem Platz in der Klasse nieder. Du spürst deutlich, wie du auf dem Sessel sitzt …, und dabei merkst du, wie du dich innerlich entspannst …

Du bereitest die Sachen für die Prüfung in aller Ruhe vor …, eins nach dem anderen …, und gleichzeitig wirst du dabei innerlich ruhig …

Du machst es dir auf deinem Platz bequem …, Du hörst die aufgeregten Stimmen der anderen …, während du in dir merkst, wie Ruhe, Gelassenheit und Selbstvertrauen zunehmen …

Du sagst zu dir selbst: „Ich habe gelernt und mich auf die Prüfung vorbereitet. Ich werde es schaffen." … Und während du dies sagst, spürst du, wie deine Sicherheit zunimmt …

Nun siehst du, wie der Lehrer oder die Lehrerin die Klasse betritt … Du hörst, wie die

Prüfung angekündigt wird und machst dabei einige tiefe Atemzüge … Alle Anspannung fällt von dir ab …

Nun beginnt die Prüfung …, und während du anfängst, bemerkst du, wie dein Kopf frei und klar wird …, alles fällt dir sofort ein …

Du spürst, wie deine Sicherheit während der Prüfung zunimmt … Du machst alles richtig …, siehst, wie du die Fragen oder Aufgaben zielbewußt erledigst …, eine nach der anderen …, wie dabei dein Selbstvertrauen wächst …

Wenn eine Schwierigkeit auftaucht, dann entspannst du dich … Du lehnst dich zurück, atmest ein paarmal tief durch …, ein und aus …, ein und aus … Während du dich kurz ausruhst und entspannst, fällt dir alles wieder ein … Du bleibst ruhig und gelassen …, löst alle Probleme …

Nun siehst du, wie du deine Arbeit positiv beendest … Du genießt deinen Lernerfolg und spürst dabei diesen angenehmen Platz in deinem Körper … Du erinnerst dich, daß du hier sitzt oder liegst …, während du in deiner Phantasie die Prüfung erfolgreich beendet hast. Mit jedem Atemzug wächst dieses positive Gefühl …, gibt dir Sicherheit und Selbstvertrauen …, und du nimmst es mit in diesen Raum …

Rückführung laut Text Seite 122.